Jenseits der karierten Flagge:
Die Geschichte von McLaren vs. Ferrari

Etienne Psaila

Jenseits der Zielflagge: Die Geschichte von McLaren vs. Ferrari

Erstausgabe: **März 2024**
Diese Ausgabe: **Juli 2024**

Dieses Buch ist Teil einer Reihe und jeder Band der Reihe wurde unter Berücksichtigung der besprochenen Automobil- und Motorradmarken erstellt, wobei Markennamen und verwandte Materialien nach den Prinzipien der fairen Nutzung für Bildungszwecke verwendet werden. Ziel ist es, zu feiern und zu informieren und den Lesern eine tiefere Wertschätzung für die technischen Wunderwerke und die historische Bedeutung dieser ikonischen Marken zu vermitteln.

Webseite: www.etiennepsaila.com
Kontakt: etipsaila@gmail.com

Inhaltsverzeichnis

Kapitel 1: Die Startlinie

Kaum war die Sonne über der verschlafenen Stadt Maranello in Italien aufgegangen, lag die Luft bereits vor Vorfreude. Im Herzen dieses unscheinbaren Ortes befand sich der Hauptsitz der Scuderia Ferrari, ein Name, der mit dem Gewicht von Leidenschaft, Triumph und Tragik durch die Hallen der Automobilgeschichte hallte. Etwas mehr als tausend Kilometer entfernt, im britischen Woking, befindet sich das McLaren Technology Centre, ein architektonisches Wunderwerk, das die Mischung aus Innovation und Tradition widerspiegelt. Hier, mitten in der Landschaft von Surrey, bereitete sich ein weiterer Titan der Formel 1 darauf vor, das nächste Kapitel in einer geschichtsträchtigen Rivalität zu schreiben.

Die Wurzeln dieser Fehde waren ebenso Teil des Gefüges der Formel 1 wie die karierte Flagge, die das Ende der Rennen markierte. Um das zu verstehen, musste man in die Annalen der Motorsportgeschichte eintauchen, zurück in die Zeit, als die Formel 1 aus der Asche des Zweiten Weltkriegs als Höhepunkt des automobilen Wettbewerbs hervorging. Es war ein Sport, bei dem menschlicher Mut auf asphaltierten Schlachtfeldern auf technische Brillanz traf und Helden und Bösewichte aus Menschen und Maschinen schnitzte.

Enzo Ferrari, der rätselhafte Gründer des Ferrari-Rennteams, war bereits eine Legende, als Bruce McLaren, ein entschlossener und talentierter Neuseeländer, beschloss, das europäische Rennsport-Establishment herauszufordern, indem er sein eigenes Team gründete. Enzo, mit seiner dunklen Sonnenbrille, die ständig seinen Blick verdeckte, war sowohl ein Zauberer, der Magie aus seinen Autos zauberte, als auch ein gewiefter Geschäftsmann. Bruce McLaren hingegen brachte Pioniergeist, Ingenieursgeist und das unermüdliche Streben nach Exzellenz mit. Die Bühne war bereitet für einen Kampf der Titanen.

Die Anfänge der Formel 1 waren geprägt von roher Kraft, gefährlichen Strecken und einer Bruderschaft von Fahrern, die Rennen fuhren, während der Tod jede ihrer Kurven überschattete. McLaren und Ferrari fuhren jedoch nicht nur gegeneinander; Sie kämpften gegen die Grenzen menschlicher und mechanischer Belastbarkeit. Jeder Sieg, jede Niederlage war ein Ton in der Symphonie ihrer Rivalität.

Mit der Entwicklung des Sports veränderte sich auch die Art dieses Wettbewerbs. Es ging nicht mehr nur darum, wer das schnellste Auto bauen konnte oder wer es wagte, die Grenzen der körperlichen Belastbarkeit weiter zu verschieben. Es wurde ein Kampf um Verstand, Strategie und Technologie. Die Einführung von Aerodynamik, Turboaufladung und elektronischen Hilfsmitteln verwandelte die Autos in Hochgeschwindigkeitscomputer auf Rädern, und die Rivalität zwischen McLaren und Ferrari wurde zu einem Schachspiel mit über 200 Meilen pro Stunde.

Aber der Kern dieser Geschichte lag nicht nur in der Technologie oder der Taktik; Es war in den Menschen. Männer wie Ayrton Senna und Alain Prost für McLaren sowie Niki Lauda und Michael Schumacher für Ferrari wurden zu den Avataren der Ambitionen, Triumphe und Tragödien ihrer Teams auf der Strecke. Ihre Kämpfe, sowohl auf als auch abseits der Rennstrecke, waren geprägt von Momenten schiere Brillanz, verheerendem Herzschmerz und gelegentlich Kontroversen.

In den Fahrerlagern, inmitten des Dröhnens der Motoren und des Geruchs von verbranntem Gummi, entfalteten sich Geschichten von Rivalität, Freundschaft, Innovation und Mut. Dies waren die Geschichten, die das Wesen der McLaren-Ferrari-Fehde definierten, eine Geschichte, die über den Bereich des Sports hinausging und zu einem Zeugnis menschlicher Leidenschaft und Ausdauer wurde.

Als die Welt der Formel 1 in das 21. Jahrhundert raste, blieb die Rivalität zwischen McLaren und Ferrari so hart wie eh und je, angetrieben von neuen Stars, sich entwickelnden Technologien und dem unverminderten Wunsch, den Mantel des besten Rennteams der Welt für sich zu beanspruchen. Die Startlinie dieser Geschichte wurde vor Jahrzehnten gezogen, aber das Rennen, so schien es, war noch lange nicht vorbei.

Kapitel 2: Titanen der Rennstrecke

Im großen Theater der Formel 1, in dem Technologie und menschlicher Ehrgeiz auf dem Zenit des Motorsports zusammentreffen, sind nur wenige Rollen so wichtig wie die der Fahrer, Ingenieure und Manager. Das sind die Handwerker der Geschwindigkeit, die Architekten des Sieges und die Strategen des Asphalts. In der Geschichte von McLaren gegen Ferrari hatten beide Teams Persönlichkeiten von legendärem Format, deren Beiträge nicht nur ihre Ära definierten, sondern auch das Vermächtnis des Sports prägten.

McLaren: Die Visionäre

Bruce McLaren

Im Herzen der 1960er Jahre, einer Zeit des revolutionären Wandels und des grenzenlosen Optimismus, wagte ein junger Neuseeländer namens Bruce McLaren es, sich eine Zukunft vorzustellen, in der sein Name zum Synonym für Rennsportexzellenz und technologische Innovation werden sollte. Bruce, mit seinem sandfarbenen Haar, das oft vom Wind zerzaust wird, und den Augen, die von einer Mischung aus Entschlossenheit und einem allgegenwärtigen Funken Unfug leuchten, war kein typischer Formel-1-Fahrer. Er besaß eine seltene Mischung von Talenten: ein begnadeter Rennfahrer, ein genialer Ingenieur und vor allem ein visionärer Anführer.

Bruces Weg von den Rennstrecken Neuseelands an die Spitze der Formel 1 ist ein Beweis für sein unerschütterliches Engagement für seinen Traum. Bruce stand in der Garage, bekleidet mit seinem Rennoverall, der die Spuren von Öl und den Strapazen des Rennsports trug, und war oft in ein Gespräch mit seinem Team vertieft, seine Hände lebhaft gestreckt, als er seine neueste Idee zur Verbesserung der Leistung des Autos beschrieb. "Wir sind nicht nur hier, um teilzunehmen", sagte er, und seine Stimme trug das Gewicht seiner Ambitionen, "wir sind hier, um innovativ zu sein, zu führen und zu gewinnen."

Seine Herangehensweise an den Rennsport war revolutionär. Bruce glaubte, dass man, um wirklich wettbewerbsfähig zu sein, die Maschine genauso gut verstehen müsse wie sich selbst. Diese Überzeugung führte dazu, dass er sich intensiv mit dem Design und der Konstruktion seiner Autos beschäftigte, eine Seltenheit unter den Autofahrern seiner Zeit. Sein Teamkollege und Freund Tyler erinnerte sich an einen Moment, der Bruces Hingabe verkörperte: "Da war Bruce, Stunden nachdem alle gegangen waren, immer noch in der Werkstatt und brütete über den Bauplänen und Modellen. Er hatte diese unglaubliche Fähigkeit, nicht nur zu sehen, was das Auto war, sondern auch, was es werden könnte."

Tragischerweise wurde Bruces brillante Karriere 1970 bei einem Testunfall in Goodwood beendet. Die Nachricht schickte Schockwellen durch die Rennwelt. Der Verlust von Bruce McLaren war nicht nur ein Schlag für sein Team, sondern für die gesamte Motorsport-Community. In den Tagen nach dem Unfall versammelte sich das McLaren-Team, die Luft war schwer von Trauer und Unsicherheit. Es war in diesem Moment der Verzweiflung, in dem Bruces Ethos am hellsten leuchtete. "Bruce hätte nicht gewollt, dass wir aufgeben", erklärte Teddy Mayer mit ruhiger, aber bewegter Stimme. "Wir sind es ihm schuldig, weiterzumachen und seine Vision von dem, was McLaren sein kann, zu verwirklichen."

Und das taten sie auch. Unter Bruces Leitgedanken von Innovation, Entschlossenheit und Mut entwickelte sich McLaren von einem jungen Team zu einem Formel-1-Kraftpaket. Die Widerstandsfähigkeit des Teams angesichts von Widrigkeiten und das Engagement, die Grenzen der Technologie zu erweitern, wurden zu seinem Markenzeichen, einer Hommage an das Vermächtnis ihres

Gründers.

Heute steht McLaren als Zeugnis für Bruce McLarens Vision. Das Streben des Teams nach Exzellenz auf und neben der Strecke spiegelt seinen Glauben an die Kraft der Innovation und den Geist des Wettbewerbs wider. Bruces Vermächtnis lebt in jedem Auto weiter, das seinen Namen trägt, in jedem Rennen, an dem sie teilnehmen, und in den Herzen derer, die sich weiterhin von seiner Geschichte inspirieren lassen. "Bruce McLaren hat uns gelehrt, dass man zuerst daran glauben muss, dass es möglich ist, um das Unmögliche zu erreichen", bemerkte ein aktueller McLaren-Ingenieur über den anhaltenden Einfluss des Teamgründers.

In der Geschichte von Bruce McLaren geht es nicht nur um den Rennsport. Es geht um die unermüdliche Verfolgung von Träumen gegen alle Widrigkeiten. Es ist eine Geschichte, die weiterhin eine neue Generation von Fahrern, Ingenieuren und Träumern dazu inspiriert, die Grenzen des Möglichen zu erweitern, geleitet von dem Stern der Innovation, Entschlossenheit und des Mutes, den Bruce in der Welt der Formel 1 entfacht hat.

Ron Dennis

Im lebendigen Teppich der Formel 1 haben nur wenige Figuren ein so unauslöschliches Muster gewebt wie Ron Dennis. Als Dennis in den 1980er Jahren das Ruder von McLaren übernahm, übernahm er nicht nur eine Führungsrolle. Er begab sich auf eine Mission, um neu zu definieren, was ein Rennteam sein könnte. Mit einem Auftreten, das so scharf war wie die Anzüge, die er ausnahmslos trug, brachte Dennis eine fast chirurgische Präzision in die chaotische Welt des Motorsports. Sein durchdringender Blick schien durch die Gegenwart zu blicken und sich eine Zukunft vorzustellen, in der McLaren nicht nur an der Formel 1 teilnahm, sondern sie dominierte.

Dennis' Führungsansatz war sowohl revolutionär als auch kompromisslos. Er betrachtete McLaren als Rohdiamanten, der vor Potenzial strotzte, aber noch verfeinert werden musste. "Exzellenz ist eine Gewohnheit, keine Handlung", sagte er oft, ein Mantra, das zum Leitprinzip des Teams wurde. Unter seiner Leitung verwandelte sich die McLaren-Zentrale in einen Tempel der Innovation und Effizienz, der das Ethos seines Anführers verkörpert.

Die Auswirkungen von Dennis' akribischer Art waren in jeder Facette des Teams zu spüren. Die Meetings waren legendär für ihre Intensität und Liebe zum Detail. Ingenieure und Designer fanden in Dennis eine anspruchsvolle, aber visionäre Führungspersönlichkeit, die sie herausfordern konnte, über ihre Grenzen hinauszugehen. "Ron erwartet nicht nur Perfektion, er verlangt sie", erzählte ein leitender Ingenieur und erinnerte sich an die langen Nächte, die er damit verbrachte, jede Komponente, jede Strategie bis ins kleinste Detail zu verfeinern.

Dennis' strategischer Scharfsinn entsprach seinem Engagement für die Förderung von Talenten. Er hatte ein Auge dafür, Potenzial zu erkennen, nicht nur bei den Fahrern, sondern auch in den Reihen der Ingenieure, Mechaniker und Support-Mitarbeiter. Legenden wie Ayrton Senna und Alain Prost blühten unter seiner Herrschaft auf, nicht nur angezogen von McLarens Wettbewerbsvorteil, sondern auch von der Kultur der Exzellenz, die Dennis vermittelte. In der Hitze des Wettkampfes blieb Dennis eine stoische Figur, und sein ruhiges Auftreten täuschte über den wilden Wettbewerbsgeist hinweg, der ihn antrieb.

Die Ära der Dominanz, die McLaren unter der Führung von Ron Dennis genoss, war kein Zufall. Es war das Ergebnis eines unermüdlichen Strebens nach Perfektion, einer Philosophie, die jeden Aspekt der Teamarbeit durchdrang. Meisterschaften wurden nicht nur auf der Strecke gewonnen, sondern in den unzähligen

Stunden der Vorbereitung, Analyse und Innovation, die den Ansatz von McLaren ausmachten.

Doch trotz all seiner Errungenschaften blieb Dennis eine Figur der Bescheidenheit. "Ich bin nur ein Kapitel in der McLaren-Geschichte", bemerkte er einmal und würdigte damit die kollektive Anstrengung seines Teams. Sein Vermächtnis spricht jedoch Bände über seinen Einfluss – nicht nur in Bezug auf die Trophäen und Auszeichnungen, sondern auch auf das Ethos von McLaren, ein Beweis für die transformative Kraft von Vision, Disziplin und unerschütterlichem Engagement für Spitzenleistungen.

Während sich die Formel 1 weiterentwickelt, bleibt der Einfluss von Ron Dennis auf McLaren und den Sport als Ganzes ein Maßstab für die Führung. Auf der Jagd nach dem Sieg hallt Dennis' Mantra der Exzellenz wider, um daran zu erinnern, dass der Weg zur Größe mit Liebe zum Detail, strategischer Vision und einem unerbittlichen Verlangen nach Perfektion gepflastert ist.

Ayrton Senna

In der stürmischen Welt der Formel 1 tauchte in den späten 1980er und frühen 1990er Jahren eine Figur auf, deren Name zum Synonym für das Wesen des Rennsports werden sollte: Ayrton Senna. Als er zu McLaren kam, brachte Senna nicht nur außergewöhnliche fahrerische Fähigkeiten mit, sondern auch eine intensive, fast spirituelle Herangehensweise an den Sport. Seine schlanke Statur, sein intensiver Blick unter der Krempe seines Rennhelms und der ruhige, gemessene Ton seiner Stimme täuschten über einen erbitterten Wettkämpfer mit dem unstillbaren Wunsch hinweg, der Beste zu sein.

Sennas Ankunft bei McLaren fiel mit dem Aufstieg des Teams in der Formel-1-Welt zusammen, einer Zeit, die von Innovation und

Rivalität geprägt war. Von Anfang an war klar, dass Senna kein Fahrer war, der sich nur mit dem Wettkampf begnügte. Er versuchte, die Grenzen des Machbaren auf der Rennstrecke neu zu definieren. Seine Arbeitsmoral war beispiellos und man sah ihn oft bis spät in die Nacht mit seinen Ingenieuren über Reifendruck, Aerodynamik und Motoreinstellungen diskutieren. "Es gibt immer einen Weg, um schneller zu werden", behauptete er und brütete über Telemetriedaten, um den kleinsten Spielraum für Verbesserungen zu finden.

Die Rivalität mit seinem Teamkollegen Alain Prost sollte Sennas Amtszeit bei McLaren bestimmen. Zwei Titanen des Sports, deren Kämpfe auf der Strecke episch waren, ein fesselndes Drama, das die Fans weltweit in seinen Bann zog. Doch es waren ihre gegensätzlichen Stile und Persönlichkeiten, die ihrer Rivalität Tiefe verliehen. Prost, der Professor, war kalkuliert und strategisch, während Senna, die Künstlerin, rohe Geschwindigkeit mit einem waghalsigen, fast rücksichtslosen Mut verband. Ihre Duelle, insbesondere die berüchtigten Zusammenstöße in Suzuka 1988 und 1989, waren mehr als nur Rennen; Es waren philosophische Debatten bei 200 Meilen pro Stunde, bei denen jeder Fahrer die Grenzen des anderen und seine eigenen austestete.

Trotz der Intensität ihrer Rivalität gab es einen gegenseitigen Respekt zwischen Senna und Prost, eine Anerkennung des Talents und der Hingabe des anderen für den Sport. "Wir sind unterschiedlich", sinnierte Senna einmal in einem Interview mit nachdenklicher Stimme, "aber wir haben ein gemeinsames Ziel – die Besten zu sein." Diese Rivalität trieb beide Fahrer zu Höhen, die es in der Formel 1 noch nie gegeben hatte, und ihr Streben nach Perfektion hob den gesamten Sport auf ein neues Niveau.

Sennas Engagement für Exzellenz zeigte sich nicht nur in seinem Streben nach Siegen, sondern auch in seiner Lebenseinstellung. Er war zutiefst philosophisch und sprach oft über die Verbindung zwischen seinem Geist, seinem Körper und der Maschine, die er steuerte. Für Senna war der Rennsport mehr als ein Wettbewerb. Es war ein Mittel, um die Grenzen des menschlichen Potenzials auszuloten. "Wenn ich Rennen fahre, spüre ich etwas, das über das Körperliche hinausgeht", verrät er, "ich erschließe einen Ort, an dem alles in Harmonie ist."

Sein früher Tod beim Großen Preis von San Marino 1994 hinterließ in Trauer die Welt des Motorsports und war eine deutliche Erinnerung an die Risiken, die diese Fahrer auf ihrer Jagd nach Ruhm eingehen. Dennoch besteht Sennas Vermächtnis fort, nicht nur in den Rekordbüchern, sondern auch in den Herzen der Fans und Fahrerkollegen. Sein unermüdliches Streben nach Perfektion, seine tiefe Verbindung zum Rennsport und seine legendäre Rivalität mit Prost sind zu integralen Kapiteln in der Geschichte der Formel 1 geworden.

Die Zeit von Ayrton Senna bei McLaren bleibt eine goldene Ära für das Team, eine Zeit, die von Triumphen, Tragödien und dem unnachgiebigen Kampfgeist geprägt war. Sein Leben und seine Karriere inspirieren ihn nach wie vor, ein Beweis für die Kraft der Hingabe, der Leidenschaft und des unermüdlichen Strebens nach Exzellenz.

Adrian Newey

In der hochoktanigen Welt der Formel 1, in der technisches Können genauso wichtig ist wie fahrerisches Können, entwickelte sich Adrian Newey zu einer Figur, deren visionäre Entwürfe die Landschaft des Sports neu definieren sollten. In den 1990er Jahren wurde Newey mit seiner unverwechselbaren Mischung aus Kreativität und technischem Scharfsinn zu einer treibenden Kraft hinter McLarens Wiederaufstieg als dominierende Kraft in der Formel 1.

Newey, der oft mit seinem Markenzeichen, den Stiften und dem Skizzenblock in der Hand, gesehen wurde, war mehr als nur ein Aerodynamiker. Er war ein Künstler, dessen Medium die Luft selbst war. Seine große, schmächtige Statur und sein nachdenkliches Auftreten täuschten über seinen Geist hinweg, der ständig am Werk war und die fließende Dynamik, die Hochgeschwindigkeitsrennen bestimmt, ständig wiederholte. Seine Kollegen bei McLaren fanden ihn oft in den Tiefen seiner Gedanken, wie er komplizierte Entwürfe skizzierte, die später zum Markenzeichen der McLaren-Meisterschaftsautos werden sollten.

"Die Form folgt der Funktion, aber das bedeutet nicht, dass sie nicht schön sein kann", bemerkte Newey und seine Augen leuchteten, als er die Philosophie hinter seinen Entwürfen beschrieb. Dieses Ethos wurde in den schlanken Linien und innovativen aerodynamischen Merkmalen der McLaren-Fahrzeuge der 1990er Jahre deutlich. Unter Neweys Anleitung führte das Team bahnbrechende Konzepte ein, die nicht nur die Leistung verbesserten, sondern auch neue Maßstäbe in der Ästhetik setzten.

Einer von Neweys wichtigsten Beiträgen war seine Fähigkeit, das Streben nach aerodynamischer Effizienz mit den strengen Regeländerungen in Einklang zu bringen, die Formel-1-Designer oft vor Herausforderungen stellen. Seine Entwürfe waren eine Meisterklasse in Sachen Innovation innerhalb von Grenzen und erzielten Leistungssteigerungen in Bereichen, die andere übersehen. "Es ist, als würde man ein komplexes Puzzle lösen", erklärte Newey während einer Teambesprechung und erläuterte seine Herangehensweise an das Design innerhalb der sich ständig weiterentwickelnden Regeln der Formel 1.

Neweys Amtszeit bei McLaren war geprägt von einer Reihe triumphaler Saisons, in denen die Fahrer von seinem unermüdlichen Streben nach aerodynamischer Perfektion profitierten. Die Fahrer des Teams, die im Cockpit von Neweys Kreationen saßen, sprachen oft von dem Vertrauen, das seine Autos auf der Strecke einflößten. "Eines von Adrians Autos zu fahren, ist wie ein Gespräch mit der Straße", sagte ein McLaren-Fahrer, als er über das intuitive Handling und die Reaktionsfähigkeit nachdachte, die Markenzeichen eines von Newey entworfenen Fahrzeugs waren.

Trotz des Drucks und des schnelllebigen Umfelds der Formel 1 blieb Newey eine Figur der ruhigen Entschlossenheit, die sich immer auf die nächste Innovation, den nächsten Sprung nach vorne konzentrierte. Sein Vermächtnis bei McLaren besteht nicht nur aus den gewonnenen Meisterschaften oder den dominierten Rennen, sondern auch aus dem Einfluss, den er auf die Herangehensweise des Sports an Design und Technik hatte. Neweys Arbeit forderte seine Kollegen und Nachfolger heraus, anders darüber nachzudenken, wie Autos gebaut werden, wie Luft geformt werden kann und dass Schönheit und Geschwindigkeit sich nicht gegenseitig ausschließen.

Adrian Neweys Einfluss auf McLaren und die Formel 1 als Ganzes ist ein Beweis für die Kraft visionären Denkens und kreativer Ingenieurskunst. Während sich die Formel 1 weiterentwickelt, bleiben die von Newey eingeführten Prinzipien und Innovationen ein Maßstab für Exzellenz und erinnern daran, dass an der Schnittstelle von Wissenschaft und Kunst das Potenzial liegt, die Natur der Geschwindigkeit zu revolutionieren.

Ferrari: Das springende Pferd

Enzo Ferrari

In den Annalen der Motorsportgeschichte gibt es nur wenige Namen, die so stark nachhallen wie der von Enzo Ferrari, einem Mann, dessen Leben untrennbar mit dem Wesen des Rennsports verbunden war. Der in Modena, Italien, geborene Enzo's Weg von bescheidenen

Anfängen an die Spitze der Automobil- und Motorsport-Exzellenz ist ein Beweis für seinen unbezwingbaren Geist, seine unerschütterliche Leidenschaft und sein tiefes Verständnis dafür, was es braucht, um zu gewinnen.

Enzo Ferrari, der oft mit seiner ikonischen dunklen Sonnenbrille und einem zurückhaltenden Auftreten zu sehen war, besaß eine feurige Leidenschaft für den Rennsport, die unter seinem gelassenen Äußeren brannte. Seine frühen Erfahrungen als Fahrer legten den Grundstein für das, was zum Ethos von Ferrari werden sollte: ein unermüdliches Streben nach Perfektion und ein tief verwurzelter Glaube an den Geist des Wettbewerbs. "Der wichtigste Sieg ist der, der noch kommt", sagte Enzo oft und brachte damit seine zukunftsorientierte Perspektive und seinen unstillbaren Appetit auf Erfolg auf den Punkt.

Unter seiner Führung entwickelte sich Ferrari von einem kleinen Rennstall zu einem Symbol des italienischen Stolzes und einer Bastion der Exzellenz im Motorsport. Die Ferrari Scuderia, geschmückt mit dem springenden Pferd, wurde mehr als nur ein Team; es war eine Manifestation von Enzos Träumen und Bestrebungen, ein Leuchtfeuer für Gleichgesinnte, die sich vom Reiz der Geschwindigkeit und dem Streben nach Sieg angezogen fühlten.

Enzos Verständnis davon, was es braucht, um zu gewinnen, beschränkte sich nicht nur auf die technischen Aspekte des Rennwagenbaus. Er wusste, dass man, um Großes zu erreichen, einen Teamgeist fördern muss, der von Leidenschaft, Hingabe und einem kollektiven Glauben an die Mission durchdrungen ist. "Ein Auto ist nur so gut wie das Team dahinter", bemerkte Enzo und betonte, wie wichtig Einheit und Zusammenarbeit im Wettbewerb sind.

Sein Führungsstil war geprägt von einem unnachgiebigen Anspruch an Exzellenz und einem intuitiven Verständnis für Menschen. Er war ein Meister darin, seine Fahrer und Ingenieure zu motivieren und sie dazu zu bringen, ihre eigenen Erwartungen zu übertreffen. Legenden wie Juan Manuel Fangio, Niki Lauda und Michael Schumacher, die alle unter dem Ferrari-Banner fuhren, fühlten sich nicht nur von der Aussicht auf den Sieg zum Team hingezogen, sondern auch von der Chance, Teil von Enzos Vision zu sein.

Das Vermächtnis von Enzo Ferrari geht weit über die unzähligen Siege und Meisterschaften hinaus. Sie liegt in der emotionalen Bindung, die Millionen von Fans auf der ganzen Welt mit der Marke Ferrari haben. Für viele ist Ferrari nicht nur ein Name auf einem Auto; Es ist ein Symbol des Strebens, eine Verkörperung des Renngeistes und ein Zeugnis für die anhaltende Kraft der Träume. Enzos Lebenswerk verwandelte Ferrari in eine lebende Legende, eine Erzählung, die in das Gewebe der Motorsportgeschichte eingewoben ist.

Heute, lange nach Enzos Tod, leitet sein Geist Ferrari weiterhin. Seine Leidenschaft für den Rennsport, sein Verständnis für den Preis eines Sieges und seine Vision für sein Team stehen nach wie vor im Mittelpunkt des Ferrari-Ethos. Enzo Ferraris Vermächtnis zeigt sich nicht nur in den Autos, die seinen Namen tragen, oder in den Trophäen im Schrank. Es ist die unauslöschliche Spur, die er in der Welt des Motorsports hinterlassen hat und die Generationen dazu inspirierte, große Träume zu haben, ihren Leidenschaften nachzugehen und nie zu vergessen, dass der wichtigste Sieg immer der nächste ist.

Luca di Montezemolo

In den frühen 1990er Jahren befand sich Ferrari an einem Scheideweg und kämpfte mit einer Phase der Underperformance, die sein geschichtsträchtiges Erbe in der Formel 1 zu trüben drohte. In dieser entscheidenden Zeit trat Luca di Montezemolo mit seiner charismatischen Präsenz und visionären Führung ins Spiel, um die Scuderia wieder auf die Siegerstraße zu führen. Der großgewachsene Montezemolo mit seinem autoritären und dennoch zugänglichen Auftreten besaß ein angeborenes Verständnis für das Ferrari-Ethos und verband den Respekt vor der Tradition mit einem scharfen Auge für Innovation und Veränderung.

Montezemolos Ansatz zur Wiederbelebung von Ferrari war vielschichtig. Er erkannte, dass der Erfolg in der modernen Ära der Formel 1 nicht nur technische Exzellenz, sondern auch strategischen Scharfsinn und eine starke Teamkultur erforderte. "Wir müssen unsere Vergangenheit ehren", sagte Montezemolo oft, "aber wir dürfen keine Angst davor haben, uns zu verändern, um zu gewinnen." Diese Philosophie wurde zum Eckpfeiler seiner Amtszeit und leitete Ferraris Wiederaufstieg als dominierende Kraft in diesem Sport.

Unter seiner Führung durchlief Ferrari bedeutende Veränderungen, sowohl auf als auch neben der Strecke. Montezemolo setzte sich für die Entwicklung modernster Technologien ein und stellte gleichzeitig sicher, dass die Autos der Identität von Ferrari als Symbole für Geschwindigkeit und italienische Handwerkskunst treu blieben. Er war maßgeblich daran beteiligt, Partnerschaften zu schmieden, die dem Team neue Perspektiven und Fachwissen brachten, vor allem Michael Schumacher, einen aufstrebenden Stern in der Rennwelt, davon zu überzeugen, zu Ferrari zu wechseln.

Montezemolos Führungsstil war geprägt von seiner Fähigkeit, die Menschen um ihn herum zu inspirieren und zu motivieren. Er war bekannt für seine praktische Herangehensweise, die er oft beim Betreten der Fabrikhalle, im Austausch mit Ingenieuren und beim Teilen von Momenten der Kameradschaft mit den Fahrern sah. Seine Leidenschaft war ansteckend und entfachte ein neues Gefühl von

Zielstrebigkeit und Hingabe im Team. "Unser Ziel ist es nicht nur, zu konkurrieren; es geht darum, sich zu übertreffen", erinnerte er sein Team und spornte es an, sich höhere Ziele zu setzen, innovativ zu sein und Ferraris Position an der Spitze der Formel 1 zurückzuerobern.

Montezemolos Amtszeit bei Ferrari hatte tiefgreifende Auswirkungen. Unter seiner Führung erlebte das Team eine Renaissance, gewann mehrere Konstrukteurs- und Fahrerweltmeisterschaften und etablierte Ferrari wieder als Leuchtturm der Exzellenz in der Formel 1. Aber abgesehen von den Trophäen und Auszeichnungen spiegelt sich Montezemolos Vermächtnis bei Ferrari in dem erneuerten Geist und der Entschlossenheit wider, die er in der Scuderia einflößte.

Unter der Führung von Luca di Montezemolo navigierte Ferrari durch eine seiner schwierigsten Zeiten und ging gestärkt und fokussierter daraus hervor. Indem er sich der Modernität verschrieben hat und gleichzeitig dem reichen Erbe von Ferrari treu geblieben ist, hat er dafür gesorgt, dass das springende Pferd weiterhin an der Spitze des Motorsports galoppiert und die zeitlose Faszination und den Wettbewerbsvorteil verkörpert, die Ferrari seit Generationen ausmachen. Seine Amtszeit ist ein Beweis für die Kraft visionärer Führung und den anhaltenden Innovationsgeist, der die Formel 1 vorantreibt.

Michael Schumacher

Mitte der 1990er Jahre erlebte die Welt der Formel 1 einen transformativen Moment, der das Vermächtnis eines ihrer berühmtesten Teams neu definieren sollte. Michael Schumacher, ein Fahrer, der bereits auf dem Weg zur Größe war, traf die entscheidende Entscheidung, sich Ferrari anzuschließen, einem Team mit einer geschichtsträchtigen Geschichte, das sich in einer schwierigen Phase befindet. Mit Schumachers Ankunft begann für Ferrari eine Reise, die zu einer der dominantesten Epochen in der Geschichte des Sports führen sollte.

Schumacher, mit seinem intensiven Blick und seiner Physis, die für die Strapazen des Rennsports geschliffen ist, brachte nicht nur rohe Geschwindigkeit, sondern auch ein tiefes technisches Verständnis und ein unermüdliches Streben nach Exzellenz in Ferrari. Seine Herangehensweise an den Rennsport war methodisch und ließ nichts unversucht, um jedes Quäntchen Leistung aus seinem Auto herauszuholen. Schumachers Arbeitsmoral wurde im Fahrerlager zum Stoff für Legenden; Er war oft der Erste, der ankam, und der Letzte, der ging, und sein Engagement inspirierte die Menschen um ihn herum. "Um Großes zu erreichen, muss man den Rennsport leben und atmen", sagte Schumacher einmal und brachte damit sein allumfassendes Engagement für sein Handwerk auf den Punkt.

Unter der Leitung von Teamchef Jean Todt und mit der technischen Meisterschaft von Designer Rory Byrne wurde Schumacher zum Dreh- und Angelpunkt des Wiederaufstiegs von Ferrari. Seine Partnerschaft mit dem Team verlief symbiotisch: Schumacher trieb Ferrari zu Innovationen an und Ferrari stellte Schumacher die Maschinen zur Verfügung, um seine außergewöhnlichen Talente zu präsentieren. Gemeinsam begannen sie einen akribischen Verbesserungsprozess, der sich auf jeden Aspekt der Leistung konzentrierte, von der Aerodynamik bis zur Zuverlässigkeit des Motors, von den Reifenstrategien bis zur Effizienz der Boxenstopps.

Die Ergebnisse dieses unermüdlichen Strebens nach Perfektion zeigten sich bald auf der Strecke. Schumachers erste Meisterschaft mit Ferrari im Jahr 2000 nach einer 21-jährigen Durststrecke für das Team war ein kathartischer Moment, der nicht nur in Maranello, sondern in ganz Italien und auf der ganzen Welt gefeiert wurde. Es war ein Sieg, der über den Sport hinausging und die Rückkehr des springenden Pferdes in den Zenit der Formel 1 symbolisierte.

Schumachers Einfluss reichte über die Grenzen des Cockpits hinaus. Er war eine Führungspersönlichkeit, die mit gutem Beispiel voranging, und seine Entschlossenheit und Widerstandsfähigkeit wurden zu einem Schlachtruf für das Team. "Wenn Michael spricht, hören wir zu", sagte ein Ferrari-Ingenieur, "weil wir wissen, dass er aus dem Herzen und zum Wohle von Ferrari spricht." Schumachers Jahre bei Ferrari waren geprägt von einer außergewöhnlichen Kameradschaft und einer gemeinsamen Vision des Erfolgs, deren Echo im Team noch immer nachhallt.

In der goldenen Ära, die mit Schumachers Ankunft bei Ferrari eingeläutet wurde, sicherte sich das Team mehrere Weltmeisterschaften und definierte neu, was in der Formel 1 möglich war. Sein Vermächtnis wird jedoch nicht nur an Trophäen und Rekorden gemessen, sondern auch an dem unbezwingbaren Geist, den er Ferrari eingeflößt hat. Schumachers unübertroffenes Können, kombiniert mit seiner unvergleichlichen Arbeitsmoral, veränderte das Team und hinterließ einen unauslöschlichen Eindruck im Sport.

Heute, da Ferrari weiterhin auf dem höchsten Niveau der Formel 1 antritt, bleibt das Ethos der Exzellenz und Entschlossenheit, das Schumacher in das Team eingebracht hat, ein Eckpfeiler seiner Identität. Michael Schumachers Amtszeit bei Ferrari ist ein Beweis für die transformative Kraft des Engagements und der Leidenschaft eines einzelnen Individuums, das zukünftige Generationen dazu inspiriert, sowohl auf als auch neben der Rennstrecke nach Großem zu streben.

Ross Brawn

In der geschichtsträchtigen Geschichte der Formel 1 ist die Partnerschaft zwischen Ross Brawn und Michael Schumacher bei

Ferrari mit Fäden von strategischem Genie, technischer Meisterschaft und beispiellosem Erfolg verwoben. Ross Brawn, ein Synonym für strategischen Scharfsinn und technische Exzellenz, wurde zum Architekten hinter Ferraris Dominanz während der Schumacher-Ära und schuf ein Vermächtnis, das bis heute gefeiert wird.

Mit seinem ruhigen und nachdenklichen Auftreten wirkte Brawns Anwesenheit in der Ferrari-Box sowohl souverän als auch beruhigend. Sein scharfer analytischer Verstand und sein tiefes Verständnis für die Feinheiten des Formel-1-Rennsports ermöglichten es ihm, Strategien zu entwickeln, die die Konkurrenten oft hinter Ferrari zurückließen. Brawns Ansatz für die Rennstrategie war ganzheitlich und berücksichtigte nicht nur die Leistung auf der Strecke, sondern jede Variable, die den Ausgang eines Rennens beeinflussen könnte. "Jedes Rennen ist ein Schachspiel", erklärte Brawn mit fester und selbstbewusster Stimme, "und unsere Aufgabe ist es, mehrere Züge voraus zu sein."

Brawns Partnerschaft mit Michael Schumacher basierte auf gegenseitigem Respekt und einem gemeinsamen, unermüdlichen Streben nach dem Sieg. Die beiden bildeten ein fast telepathisches Verständnis, wobei Brawns strategische Planung Schumachers Fahrkünste ergänzte. Gemeinsam verwandelten sie die Rennwochenenden in Meisterklassen der Strategie und Ausführung, und ihre Zusammenarbeit führte zu einer Ära der Dominanz, die in der Geschichte des Sports ihresgleichen sucht.

Einer der bemerkenswertesten Beiträge von Brawn zum Erfolg von Ferrari war sein innovativer Ansatz bei der Rennstrategie, insbesondere bei der Verwaltung von Boxenstopps und Reifenstrategien, Bereiche, die oft die entscheidenden Faktoren in Rennen waren. Brawn hatte ein Händchen dafür, den Rennfluss zu lesen und entscheidende Entscheidungen zu treffen, die das Blatt zu Gunsten von Ferrari wenden konnten. Seine Strategien bestanden nicht nur darin, auf die Rennbedingungen zu reagieren, sondern auch Veränderungen zu antizipieren und sich schnell anzupassen, um den Vorteil zu nutzen.

Über das strategische Genie hinaus erstreckte sich Brawns Einfluss auch auf die Entwicklung des Autos selbst. In enger Zusammenarbeit mit dem Ingenieurteam drängte Brawn auf Innovationen, die Ferrari an der technologischen Spitze der Formel 1 hielten. Seine Fähigkeit, die Lücke zwischen den technischen und strategischen Aspekten des Sports zu schließen, war ein Schlüsselfaktor für den Erfolg von Ferrari und stellte sicher, dass die Bemühungen des Teams auf der Strecke mit einer kontinuierlichen Weiterentwicklung hinter den Kulissen einhergingen.

Brawns Vermächtnis bei Ferrari sind nicht nur die gewonnenen Meisterschaften, sondern auch die Kultur der Exzellenz und Innovation, die er mit gefördert hat. Seine Amtszeit bei Ferrari wird als eine goldene Ära in Erinnerung bleiben, eine Zeit, in der strategische Brillanz und technische Exzellenz zusammenkamen, um die Scuderia an den Zenit der Formel 1 zu bringen. "Unser Erfolg entstand aus der Zusammenarbeit, aus gegenseitigem Vertrauen und dem Teilen eines gemeinsamen Ziels", reflektierte Brawn und hob die Teamarbeit und den Zusammenhalt hervor, die die Dominanz von Ferrari auszeichnen.

Heute, da neue Kapitel in den Annalen der Formel 1 geschrieben werden, bleibt die Partnerschaft zwischen Ross Brawn und Michael Schumacher ein Maßstab für den Erfolg. Es ist ein Zeugnis für die Kraft des strategischen Denkens, der technischen Innovation und des unnachgiebigen Siegeswillens – Prinzipien, die Teams weiterhin inspirieren und bei ihrem Streben nach Ruhm in der Welt des Formel-1-Rennsports mit hohen Einsätzen leiten.

Jeder dieser Titanen brachte seine einzigartigen Stärken auf die

Strecke ein – sei es durch sein Fahrverhalten, seine Vision oder sein technisches Know-how. Aber über ihre individuellen Beiträge hinaus war es ihre Fähigkeit, die Menschen um sie herum zu inspirieren, die Grenzen des für möglich gehaltenen zu verschieben und ihre Namen in die Annalen der Geschichte einzubrennen, die sie auszeichnete. Die Schlachten, die sie ausfochten, die Rennen, die sie gewannen und verloren, und die Momente, die sie teilten, sind zur Geschichte der Formel 1 geworden.

Als sich die Geschichte von McLaren und Ferrari im Laufe der Jahrzehnte entfaltete, standen diese Persönlichkeiten an vorderster Front und trieben ihre Teams zu neuen Höhen. Ihr Vermächtnis besteht jedoch nicht nur in den Trophäen, die sie anhäuften, oder den Rekorden, die sie brachen. Es liegt im Geist des Wettbewerbs, dem unermüdlichen Streben nach Exzellenz und der Leidenschaft für Geschwindigkeit, die sie verkörperten. Sie waren nicht nur Titanen der Strecke; Sie waren die Seele der Formel 1, die Architekten einer Rivalität, die die Fantasie der Fans auf der ganzen Welt beflügelte.

In den nächsten Kapiteln tauchen wir tiefer in den Schmelztiegel des Wettbewerbs ein und untersuchen, wie diese Personen und ihre Teams die Herausforderungen von Innovation, Strategie und menschlichen Emotionen gemeistert haben, um ihre Geschichten auf der Überholspur der Formel-1-Geschichte zu schreiben.

Kapitel 3: Technische Exzellenz

Im Herzen der Formel 1, in der es im Kampf um die Vorherrschaft ebenso um Einfallsreichtum wie um Geschwindigkeit geht, standen McLaren und Ferrari als Kolosse da, angetrieben von einem unstillbaren Durst nach technologischem Fortschritt. Die Rivalität zwischen den beiden Titanen wurde nicht nur auf den Rennstrecken ausgetragen, sondern auch in den geheimnisvollen, heiligen Hallen der jeweiligen Ingenieursabteilungen. Hier, zwischen dem Klappern der Tastaturen und dem Brummen der Windkanäle, wurde die Zukunft des Rennsports gestaltet.

Die aerodynamische Revolution

Der Beginn der aerodynamischen Revolution in der Formel 1 markierte einen Wendepunkt, an dem Wissenschaft, Kunst und Ehrgeiz auf der Rennstrecke zusammentrafen und eine neue Ära des Wettbewerbs einläuteten, bei der es sowohl um den Intellekt als auch um die Geschwindigkeit ging. In dieser Zeit des Wandels stachen zwei Persönlichkeiten als Pioniere hervor, deren Werkstätten den Labors von Alchemisten ähnelten, in denen die Zukunft des Rennsports geschmiedet wurde: Adrian Newey bei McLaren und Ross Brawn bei Ferrari.

In der schummrigen Enge seines Büros, umgeben von den skelettartigen Formen von Modellautos und Wänden, die mit komplexen Strömungsgleichungen geschmückt waren, war Adrian Newey die Verkörperung gezielter Innovation. Den Bleistift ständig hinter das Ohr gesteckt und die Augen über die Kurven eines neuen Designs gleitend, war Newey eine Figur von stiller Intensität. In den späten Nachtstunden saßen er und sein Team oft an Zeichentischen, die Luft war vom Duft der Filzstifte und dem leisen Brummen von Computersimulationen im Hintergrund erfüllt.

"Wir stehen an der Schwelle zu etwas Revolutionärem", sagte Newey mit einer sanften, aber zwingenden Kraft, die sein Team in seine Vision hineinzog. "Wir haben die Möglichkeit, neu zu definieren, was ein Rennwagen sein kann. Es geht darum, die Luft nach unserem Willen zu biegen, eine Hülle der Geschwindigkeit zu schaffen, die sich an die Straße klammert, als wäre sie ein Teil davon." Sein Meisterwerk, der MP4/13, war ein Zeugnis dieser Philosophie. Mit seinen schlanken Linien und innovativen aerodynamischen Merkmalen war das Auto ein Raubtier auf dem Asphalt, seine Dominanz eine Hommage an Neweys Genie und das Engagement seines Teams.

Meilen entfernt, im Herzen von Maranello, steuerte Ross Brawn die aerodynamischen Bemühungen von Ferrari mit einer Mischung aus taktischem Genie und tiefem Respekt vor dem Erbe der Scuderia. Die Atmosphäre im Ferrari-Designbüro war elektrisierend, ein Gefühl von Geschichte und Zukunftspotenzial lag in der Luft. Brawn, mit der ihm eigenen ruhigen Haltung, stand vor seinem Team, die Baupläne des F2002 entfalteten sich wie ein Banner vor ihnen.

"Das", erklärte Brawn und zeigte auf die schlanken Konturen des F2002, "repräsentiert mehr als unser nächster Rennwagen. Es ist ein Symbol unserer Evolution, eine Balance aus Schönheit und Leistung, die die Essenz von Ferrari einfängt." Unter seiner Führung wurde das Auto legendär, da sein Design aerodynamische Effizienz elegant mit unübertroffenem mechanischem Grip verband. Brawns Fähigkeit, den Luftstrom um das Auto herum zu visualisieren und intuitiv zu verstehen, wie sich jede Kurve und jeder Winkel auf die Leistung auswirken würde, machte den F2002 zu einem Meisterwerk der Ingenieurskunst.

Die Rivalität zwischen McLaren und Ferrari war in dieser Ära nicht nur ein Kampf um Geschwindigkeit, sondern auch ein Duell um Verstand und Innovation. Jeder Grand Prix wurde zu einem

Testgelände für die neuesten aerodynamischen Konzepte, wobei Newey und Brawn die Masterminds waren, die die Angriffe ihrer Teams auf die Gesetze der Physik orchestrierten.

Ein denkwürdiger Moment ereignete sich während eines Vorsaisontests, bei dem sowohl der MP4/13 als auch der F2002 Runden fuhren. Als die Autos hinter der Hauptgeraden verschwommen, wurde es still unter den versammelten Ingenieuren und Fahrern, die alle die Bedeutung dieses neuen Kapitels in der Formel 1 erkannten. Später, im Nachbesprechungsraum, wandte sich ein McLaren-Ingenieur an einen Ferrari-Kollegen – ein seltener Moment der Kameradschaft inmitten eines intensiven Wettbewerbs. "Es ist unglaublich, nicht wahr?", sagte er in Anspielung auf die Wunder, die beide Teams vollbracht hatten. "Wir sind nicht nur Rennteams; Wir sind Pioniere an der Grenze des Möglichen."

Die aerodynamische Revolution in der Formel 1, die von Visionären wie Adrian Newey und Ross Brawn vorangetrieben wurde, hat den Sport grundlegend verändert. Ihre Beiträge gingen über Meistertitel und Rennsiege hinaus; Sie entfachten eine Leidenschaft für Innovation, die die Formel 1 weiter vorantreibt. In den Windkanälen und auf den Rennstrecken lebt das Erbe dieser Ära fort, ein Zeugnis für das unermüdliche Streben nach Perfektion und den unnachgiebigen Wettbewerbsgeist, der die Königsklasse des Motorsports ausmacht.

Das Paradigma der Power Unit

Zu Beginn des 21. Jahrhunderts stand die Formel 1 am Abgrund einer technologischen Revolution, die das Wesen des Rennsports neu definieren sollte. Die Einführung von Hybridantrieben läutete eine neue Ära ein, die ein empfindliches Gleichgewicht zwischen der wilden Energie von Verbrennungsmotoren und der stillen, starken Kraft der elektrischen Energie erforderte. In dieser Landschaft der

Innovation begaben sich zwei Giganten des Sports, McLaren und Ferrari, auf ihre jeweilige Reise ins Unbekannte, angetrieben von ihrem Engagement für Exzellenz und einer Vision für die Zukunft.

Innerhalb der Mauern des Technologiezentrums von McLaren, einem Ort, an dem Innovation sowohl die Architektur als auch das Ethos ist, wurde die Entwicklung des MP4-30 durchgeführt. Das Auto, das auch im Stand schnittig und imposant war, war der Höhepunkt unzähliger Stunden der Forschung, des Experimentierens und des Mutes, sich dorthin zu wagen, wo noch kein Team zuvor gewesen war. Inmitten des Trubels sprach eine McLaren-Ingenieurin mit leuchtenden Augen von der Leidenschaft, die das Streben des Teams nach Fortschritt definierte, über die Reise. "Der MP4-30 ist mehr als nur unser Einstieg in die Hybrid-Ära. Es ist ein Symbol für unser unermüdliches Streben nach Innovation", sagte sie, während ihr Blick auf das komplizierte Geflecht aus Drähten und Schaltkreisen gerichtet war, das das Herz des Hybridaggregats umgab. "Ja, wir standen vor Herausforderungen, aber mit jeder Herausforderung kommt eine Chance, zu lernen und uns zu verbessern. Wir fahren nicht nur für heute; Wir fahren für die Zukunft."

In Maranello, dem Geburtsort unzähliger Rennlegenden, bastelte Ferrari mit dem SF15-T an seiner Antwort auf die hybride Herausforderung. Die geschichtsträchtigen Einrichtungen des Teams, die dennoch vor Spitzentechnologie strotzen, waren ein Beweis für die einzigartige Position von Ferrari an der Schnittstelle von Tradition und Innovation. Als die ersten Sonnenstrahlen den Morgennebel durchdrangen und ein goldenes Licht über Fiorano, Ferraris Teststrecke, warfen, wurde der SF15-T enthüllt. Das Auto, eine beeindruckende Mischung aus Schönheit und Ingenieurskunst, war Ferraris Antwort auf die Anforderungen der Hybrid-Ära.

Ein leitender Ferrari-Ingenieur, dessen Hände noch die Spuren seiner

Arbeit tragen, teilte seine Gedanken über die Bedeutung des SF15-T mit. "Bei Ferrari begrüßen wir den Wandel mit der gleichen Leidenschaft, die wir für den Rennsport haben. Der SF15-T ist nicht nur eine Maschine; Es ist die Verkörperung unserer Reise in die Hybrid-Ära", verkündete er mit Stolz in seiner Stimme. "Wir haben die Synergie zwischen Verbrennungs- und Elektroantrieb genutzt, um etwas ganz Besonderes zu schaffen. Ferrari passt sich nicht nur an diese neue Ära an. Wir geben das Tempo vor, angetrieben von unserem Erbe und unserer Vision für die Zukunft."

Das Aufkommen der Hybridtechnologie in der Formel 1 war mehr als eine regulatorische Änderung. Es war ein Aufruf zur Innovation, um die Grenzen von Geschwindigkeit und Effizienz neu zu denken. Der MP4-30 von McLaren und der SF15-T von Ferrari waren die Vorreiter dieser neuen Ära, beide ein Beweis für das Engagement ihres Teams für Exzellenz und Innovation. Auf der Rennstrecke traten diese hybriden Wunderwerke nicht nur gegeneinander an; Sie rasten auf einen neuen Horizont zu, angetrieben vom Entdeckergeist und der gemeinsamen Leidenschaft für die Zukunft des Motorsports.

Während sich die Hybrid-Ära entfaltet, prägen die Beiträge von McLaren und Ferrari weiterhin die Landschaft der Formel 1. Ihre Pionierleistungen bei der Integration von Energierückgewinnungssystemen und der Beherrschung des komplexen Tanzes von mechanischer und elektrischer Energie legen den Grundstein für die Zukunft des Rennsports. Auf der Suche nach Effizienz und Leistung sind McLaren und Ferrari nicht nur Teilnehmer; Sie sind Anführer und stellen die Weichen für das nächste Kapitel der geschichtsträchtigen Geschichte der Formel 1.

Das menschliche Element

Als die Dämmerung das Fahrerlager in eine heitere Stille hüllte, ein seltener Moment der Ruhe in der unerbittlichen Welt der Formel 1, fanden sich zwei der größten Köpfe des Sports in einer unerwarteten Pause wieder. Adrian Newey saß mit seinem charakteristischen nachdenklichen Gesichtsausdruck auf einem Reifenstapel vor der McLaren-Box, den Blick in die Ferne geschwendet, und dachte über die Arbeit des Tages nach. Ihm gegenüber lehnte Ross Brawn, der strategische Kopf hinter Ferraris Wiederaufstieg, an einem Werkzeugwagen, beide umgeben vom schwachen Duft von abgebranntem Kraftstoff und Gummi – ein Duft, der das Lebenselixier ihrer Leidenschaft war.

Das Fahrerlager war ihr Zufluchtsort, ein Ort, an dem das Dröhnen der Motoren und der Nervenkitzel des Wettbewerbs Momenten der Selbstbeobachtung und Kameradschaft Platz machten. »Wir treiben uns gegenseitig bis an die Grenzen, Ross«, bemerkte Newey und brach das angenehme Schweigen. Seine Stimme war zwar sanft, aber er trug das Gewicht der Bewunderung und der Anerkennung ihres gemeinsamen Weges auf der Suche nach Innovation.

Brawn, dessen Gesicht sich in ein warmes Lächeln verwandelte, nickte zustimmend. "Das ist das Schöne an diesem Sport, Adrian. Wir sind Rivalen auf der Strecke, aber hier, in diesem Moment, sind wir nur zwei Ingenieure, die lieben, was sie tun." Seine Augen, in denen sich der Schein der untergehenden Sonne spiegelte, funkelten in einer Mischung aus Respekt und einem Hauch von Konkurrenz. "Wir gestalten die Zukunft, eine Innovation nach der anderen."

Ihr Gespräch drehte sich um die Feinheiten der Aerodynamik, die Herausforderungen bei der Integration von Hybridtechnologien und das unnachgiebige Streben nach Leistung, das ihre Karrieren definierte. Es war ein Dialog, der über Rivalität hinausging, ein Zeugnis für das menschliche Element, das im Mittelpunkt des technologischen Wettrüstens der Formel 1 stand.

"Wir konkurrieren nicht nur mit Maschinen; wir fahren gegen den menschlichen Einfallsreichtum, gegen die Grenzen dessen, was wir für möglich halten", sinnierte Newey und zeichnete mit dem Finger auf dem Reifen neben ihm die Umrisse eines Winglets nach. "Es ist ein unerbittliches Streben, aber in diesem Streben finden wir unsere größten Triumphe."

Brawn, wie immer der Stratege, beugte sich vor, und seine Augen leuchteten vom Funken der Herausforderung. "Und in diesem Bestreben definieren wir die Grenzen dieses Sports neu. Wir machen es zu mehr als einem Rennen; Wir machen es zu einer Leinwand für Innovation, zu einer Plattform, auf der das Unmögliche zum Ausgangspunkt für den nächsten Durchbruch wird."

Als sich der Himmel in die Dämmerung vertiefte, neigte sich ihr Gespräch dem Ende zu, aber das Band, das im Schmelztiegel des Wettbewerbs geschmiedet worden war, blieb. Newey und Brawn, zwei Titanen der Formel 1, erhoben sich, ihre Silhouetten zeichneten sich gegen das schwindende Licht ab und erinnerten an den menschlichen Geist, der den Sport vorantrieb.

"Wir werden sehen, was der morgige Tag bringt, Ross", sagte Newey und streckte seine Hand in einer Geste des gegenseitigen Respekts aus.

Brawn hielt ihn fest umklammert, und sein Lächeln spiegelte eine gemeinsame Vorfreude auf die bevorstehenden Herausforderungen wider. "Allerdings, Adrian. Das Rennen geht weiter und mit ihm unsere Reise."

In diesem Händedruck, unter dem Blätterdach der untergehenden Sonne, lag die Essenz der aerodynamischen Revolution der Formel 1 und die unausgesprochene Anerkennung, dass hinter jeder Innovation, jedem Durchbruch Männer und Frauen standen, die ihr Leben dem Streben nach Exzellenz gewidmet hatten. Es war ihre

Leidenschaft, ihr unermüdlicher Antrieb, der die Rivalität befeuerte und die Grenzen des Möglichen in der Formel 1 erweiterte, indem sie die Zukunft mit einer Innovation nach der anderen gestalteten.

Am Ende des Kapitels über technische Exzellenz schlängelt sich die Geschichte der Rivalität zwischen McLaren und Ferrari durch die Korridore der technologischen Innovation, angetrieben von der Brillanz ihrer Mitarbeiter. Die Voraussetzungen waren geschaffen, um nicht nur Rennen zu gewinnen, sondern auch die Zukunft der Formel 1 neu zu definieren.

Kapitel 4: Das Duell beginnt

Die Bühne wurde Anfang der 1980er Jahre unter der gleißenden Sonne des Großen Preises von Belgien in Spa-Francorchamps aufgebaut. Die Strecke, die für ihre geschwungenen Kurven und ihr unberechenbares Wetter berüchtigt ist, stand kurz davor, Zeuge einer der beständigsten Rivalitäten der Formel 1 zu werden. Die Vorfreude lag in der Luft, als sich die Teams von McLaren und Ferrari auf ein Rennen vorbereiteten, das mehr als nur ein Geschwindigkeitswettbewerb war – es war der Beginn eines Duells, das sich über Jahrzehnte erstrecken sollte.

In der McLaren-Box war die Atmosphäre angespannt, aber konzentriert. Mechaniker schwärmten um die schnittigen, rot-weiß lackierten Autos, ihre Hände waren ein Hauch von Präzision und Dringlichkeit. John, ein erfahrener Ingenieur, wandte sich an sein Team, seine Stimme war kaum hörbar über dem Lärm der Motoren, die sich im Hintergrund erwärmten. "Das ist es, Jungs. Jede Schraube, jeder Sensor, jedes Gramm Kraftstoff – alles zählt heute. Zeigen wir ihnen, woraus wir gemacht sind."

Im gesamten Fahrerlager agierte das Ferrari-Team in einem Rhythmus, der aus jahrelanger Tradition und italienischer Leidenschaft entstanden war. Marco, Ferraris Chefstratege, ging vor seiner Crew auf und ab, den Blick auf die scharlachroten Maschinen gerichtet, die die Hoffnungen einer ganzen Nation in sich trugen. "Denken Sie daran, dass wir heute nicht nur um Punkte fahren. Wir fahren Rennen für den Stolz. Forza Ferrari!"

Als sich die Autos in der Startaufstellung aufstellten, war die Spannung mit Händen zu greifen. Im McLaren saß ein junger und hungriger Alain Prost, die Augen zusammengekniffen, nur auf den Asphalt vor ihm gerichtet. Neben ihm saß im blutroten Ferrari Gilles Villeneuve, ein Fahrer, der mit seinem furchtlosen Fahrstil die

Bewunderung von Fans und Rivalen gleichermaßen verdient hatte. Als die Lichter ausgingen, schossen die beiden Autos von der Linie, ihre Motoren heulten harmonisch auf, als sie auf die erste Kurve zurasten.

Das Rennen entfaltete sich mit der Intensität eines Hochgeschwindigkeits-Schachspiels. Prost und Villeneuve tauschten bei jedem Überholmanöver die Plätze, ihre Autos waren nur wenige Zentimeter voneinander entfernt, mit Geschwindigkeiten, die kaum zu glauben waren. An der Boxenmauer sahen Ron Dennis und Enzo Ferrari mit angehaltenem Atem zu und ihre Augen nicht von der Strecke abgewandt, während ihre Fahrer sich und ihre Maschinen an ihre Grenzen brachten.

Als die Runden schrumpften, verdunkelte sich der Himmel über Spa und es begann zu regnen, was die Strecke in ein tückisches Band aus nassem Asphalt verwandelte. Prosts Stimme knisterte über den Mannschaftsfunk, sein französischer Akzent war vor Konzentration nur so hochkonzentriert. "Die Bedingungen verschlechtern sich. In der nächsten Runde wechsle ich auf Regenreifen."

In der Ferrari-Box wurde die Entscheidung getroffen, Villeneuve auf Slick-Reifen draußen zu lassen, ein Risiko, das das Rennen gewinnen oder in einer Katastrophe enden könnte. Marcos Stimme war fest, als er die Entscheidung weitergab. "Gilles, bleib draußen. Das ist unsere Chance. Du kannst damit umgehen."

Die letzten Runden waren sowohl für Prost als auch für Villeneuve eine Meisterklasse im Fahren, ihre Autos tanzten am Rande der Kontrolle. Als sie sich der letzten Kurve näherten, Seite an Seite, erhob sich die Menge, und die Luft war elektrisiert vor Aufregung. Mit einem gewagten Manöver auf der Außenseite setzte sich Villeneuve an die Spitze, sein Ferrari überquerte die Ziellinie knapp vor Prosts McLaren.

Als die Motoren abkühlten und die Teams ihre Ausrüstung einpackten, begann die Bedeutung des Rennens zu sinken. Dies war nicht nur ein weiterer Grand Prix; Es war der Beginn einer Rivalität, die die Formel 1 für die kommenden Jahre prägen sollte. Der Respekt zwischen Prost und Villeneuve war spürbar, als sie sich auf dem Podium die Hände schüttelten und ihre Augen in einer stillen Anerkennung der bevorstehenden Kämpfe kreisten.

An jenem Tag in Spa-Francorchamps, als der Champagner in Strömen floss und sich die Zuschauer zerstreuten, hatte das Duell begonnen. McLaren und Ferrari, zwei Titanen der Rennstrecke, begaben sich auf eine Reise voller Wettbewerb, Innovation und Leidenschaft – eine Reise, die sie an die Spitze des Motorsports führen sollte und eine Rivalität schmiedete, bei der es sowohl um die Menschen hinter den Maschinen als auch um die Autos selbst ging.

Kapitel 5: Geschwindigkeit und Strategie

Die Sonne war noch nicht über dem Fürstentum Monaco aufgegangen, und doch erklang in den engen, verwinkelten Gassen von Monte Carlo die Symphonie der Rennmotoren. Es waren die späten 1990er Jahre, eine entscheidende Ära in der Rivalität zwischen McLaren und Ferrari, die nicht nur von der schieren Geschwindigkeit ihrer Maschinen geprägt war, sondern auch von der Gerissenheit und Strategie, die sie leiteten. Der Große Preis von Monaco, das Kronjuwel der Formel 1, sollte zur Bühne für ein strategisches Duell werden, an das sich Generationen erinnern sollten.

In der McLaren-Box, die sich in der engen Boxengasse von Monaco befindet, war die Luft dick vor Konzentration. Mika Häkkinen, der stoische finnische Fahrer des Teams, saß schweigend in seinem Auto, seine eisblauen Augen auf den Datenbildschirm vor ihm gerichtet. Neben ihm besprach Ron Dennis, der McLaren-Teamchef, die Rennstrategie in gedämpften Tönen mit seinem Chefstrategen Tom. "Hier geht es um Präzision", sagte Ron, ohne den Blick von der Strecke abzuwenden. "Ein falscher Schritt und es ist vorbei. Mika kennt den Plan; Es ist Zeit zur Umsetzung."

Im gesamten Fahrerlager herrschte in der Ferrari-Box eine Mischung aus italienischer Leidenschaft und akribischer Vorbereitung. Michael Schumacher, Ferraris unerbittlicher deutscher Fahrer, war bereits angezogen, den roten Helm unter dem Arm, als er mit seinem Ingenieur Luca sprach. "Der Start ist entscheidend, aber es ist das lange Spiel, das Monaco gewinnt", sinnierte Michael mit ruhiger Stimme inmitten des Chaos der Vorbereitungen. "Wir halten uns an den Plan, bleiben geduldig und warten auf unseren Moment."

Als das Rennen begann, verwandelten sich die engen Gassen von Monaco in ein Schachbrett, auf dem jeder Fahrer eine bewegliche

Figur in einem strategischen Kampf mit hoher Geschwindigkeit war. Häkkinen übernahm die Führung, sein McLaren schnitt mit chirurgischer Präzision durch die Luft, aber Schumacher war nie weit dahinter, sein Ferrari war ein ständiger Schatten im Spiegel des Finnen.

Der entscheidende Moment kam, als die erste Runde der Boxenstopps näher rückte. Tom funkte Häkkinen mit ruhiger Dringlichkeit: "Mika, wir gehen auf den Undercut. Pushen Sie jetzt, jedes Zehntel zählt." In der Welt der Formel 1 können Timing und Strategie bei Boxenstopps den Unterschied zwischen Sieg und Niederlage ausmachen. Der Undercut – eine Taktik, bei der ein Fahrer früh an die Box kommt, um von frischen Reifen und freier Luft zu profitieren – war auf der engen und kurvenreichen Strecke von Monaco ein Glücksspiel.

In der Zwischenzeit wählte Ferrari eine andere Taktik für Schumacher. Lucas Stimme knisterte über Funk: "Michael, wir bleiben draußen. Verlängern Sie diesen Zeitraum. Das ist unser bester Schuss." Indem er vor dem Boxenstopp länger draußen blieb, musste Schumacher seinen Speed auf älteren Reifen maximieren, eine Aufgabe, die ihm sein ganzes Können und seine Konzentration abverlangte.

Die Spannung war spürbar, als Häkkinen in die Box eintauchte, seine Crew bereit und wartend. Der Boxenstopp verlief fehlerfrei, das McLaren-Team arbeitete als Einheit, um seinen Fahrer wieder ins Getümmel zu schicken. Jetzt lag es an Schumacher, seinen Ferrari auf der Strecke an die Grenzen von Ausdauer und Technik zu bringen.

Als Schumacher schließlich an die Box kam, führte das Ferrari-Team seinen Stopp mit geübter Effizienz aus, aber als er wieder ins Rennen einstieg, war klar: Die McLaren-Strategie hatte sich durchgesetzt. Häkkinen setzte sich durch, sein Vorsprung wurde durch das strategische Spiel seiner Mannschaft gefestigt.

Der Große Preis von Monaco endete mit Häkkinens Zielflagge, was nicht nur ein Beweis für sein Können als Fahrer, sondern auch für den strategischen Scharfsinn des McLaren-Teams war. Schumacher und Ferrari waren zwar geschlagen, aber noch lange nicht besiegt. Ihre Entschlossenheit wurde nur noch stärker, und die strategische Schlacht in Monaco war eine Lektion in der Bedeutung von Anpassungsfähigkeit und Innovation.

Als die Teams ihre Ausrüstung wegpackten und die Sonne über dem Mittelmeer unterging, hatte sich die Rivalität zwischen McLaren und Ferrari weiterentwickelt. Es war nicht mehr nur ein Geschwindigkeitstest, sondern ein Kampf der Köpfe – eine Partie Hochgeschwindigkeitsschach, bei der Strategie, Timing und Nerven eine ebenso entscheidende Rolle spielten wie die Kraft der Motoren und der Mut der Fahrer. Dieses Rennen hatte bewiesen, dass auf der Suche nach Ruhm Geschwindigkeit und Strategie untrennbar miteinander verbunden sind, eines so wichtig wie das andere auf der Suche nach dem Sieg.

Kapitel 6: Zusammenstöße und Kontroversen

Die Rivalität zwischen McLaren und Ferrari beruhte zwar auf Respekt und gemeinsamer Leidenschaft für den Motorsport, war aber auch nicht ohne Momente intensiver Kontroversen und hitziger Zusammenstöße. Diese Vorfälle, die sich sowohl auf als auch abseits der Strecke abspielten, fügten dem Wettbewerb eine dramatische Ebene hinzu und zogen Fans und Medien in einen Wirbelsturm von Spekulationen und Debatten.

Der Spygate-Skandal

Mitte der 2000er Jahre befand sich die Welt der Formel 1 im Epizentrum einer Kontroverse, die in ihren Grundfesten erschütterte. Der Skandal mit dem Namen "Spygate" brachte eine Erzählung zutage, die für einen Spionageroman geeignet war, aber die Konsequenzen, die er hatte, waren für die Beteiligten, insbesondere für McLaren und Ferrari, nur allzu real. Dieser Vorfall war nicht nur ein vorübergehender Lapsus; Es war eine Saga, die das Gefüge ihrer Rivalität unauslöschlich verändern und einen langen Schatten auf das Ethos des Sports von Wettbewerb und Fairness werfen sollte.

Als das Geflüster über den Skandal das Fahrerlager zu durchdringen begann, sah sich die Formel-1-Community mit einem Strudel aus Gerüchten, Anschuldigungen und Spekulationen konfrontiert. Die Enthüllung, dass vertrauliche Ferrari-Dokumente bei einem hochrangigen McLaren-Ingenieur gefunden worden waren, war eine Schockwelle, die durch die Rennstrecken von Monaco bis Monza hallte und Teams, Fans und Offizielle gleichermaßen verunsicherte.

Innerhalb der Grenzen des McLaren-Wohnmobils hing eine spürbare Anspannung in der Luft. Die Führung des Teams, zu der auch Ron Dennis gehörte, traf sich in einer improvisierten Kommandozentrale und brütete über den Details der Anschuldigungen, die ihnen vorgelegt worden waren. Dennis, eine Persönlichkeit, die lange Zeit für ihr Engagement für die Integrität und Ehre des Motorsports verehrt wurde, fand sich im Auge des Sturms wieder. "Das ist ein Gräuel für die Werte, die uns am Herzen liegen", sagte er mit ruhiger Stimme, die jedoch durch den Ernst der Lage unterstrichen wurde. "Unser Engagement für Ehre und Fairplay definiert uns; Wir müssen alles in unserer Macht Stehende tun, um dies zu korrigieren." Die Mannschaft, die sich des Ernstes der Lage bewusst war, nickte zustimmend, da sie verstand, dass das Vertrauen ihrer Fans und die Heiligkeit des Sports in Gefahr waren.

Währenddessen war die Atmosphäre bei Ferrari von einem Gefühl der Verletzung und des Unglaubens geprägt. Jean Todt, der stoische Teamchef von Ferrari, wandte sich mit einer Mischung aus Ruhe und Empörung an sein Team. Inmitten des roten Meeres, das Ferraris Garage definierte, artikulierte er ein Gefühl tiefen Verrats. "Unsere Rivalität mit McLaren war schon immer erbittert, aber sie basiert auf gegenseitigem Respekt und den gemeinsamen Werten unseres Sports", erklärte Todt mit fester Stimme. "Dieser Vorfall untergräbt nicht nur unseren Wettbewerb, sondern auch die Integrität der Formel 1 als Ganzes. Wir sind Hüter der Würde dieses Sports, und solche Aktionen beflecken das Vermächtnis, das wir aufbauen wollen."

Die Auswirkungen des Spygate-Skandals waren schnell und unversöhnlich. McLaren, das gegen den Besitz vertraulicher Informationen verstoßen hatte, sah sich mit beispiellosen Sanktionen konfrontiert. Die Verhängung einer monumentalen Geldstrafe in Verbindung mit dem Ausschluss aus der Konstrukteurswertung war ein Schlag, der über die Grenzen des Teams hinaus Widerhall fand und als deutliche Erinnerung an den schmalen Grat zwischen dem Streben nach einem Wettbewerbsvorteil und dem Gebot ethischen Verhaltens innerhalb des Sports diente.

Die Nachwirkungen von Spygate waren für die Formel 1 eine Zeit der Selbstbeobachtung, die zu einer Neubewertung der Maßnahmen zum Schutz der Integrität des Sports führte. Für McLaren und Ferrari war der Skandal ein Wendepunkt in ihrer geschichtsträchtigen Rivalität, ein Kapitel, das zwar von Kontroversen geprägt war, aber die inhärente Leidenschaft, das Engagement und das unerschütterliche Streben nach Exzellenz unterstrich, die beide Teams auszeichneten. Als sich der Staub gelegt hatte, blieb der Vorfall eine Narbe im Gesicht der Formel 1, ein warnendes Beispiel für die Balance zwischen Rivalität und Respekt, Ehrgeiz und Integrität.

Das Finale der Meisterschaft 2007

Die Formel-1-Saison 2007 gipfelte in einem Crescendo aus Vorfreude und rohen Emotionen beim Großen Preis von Brasilien, als die legendäre Rennstrecke von Interlagos die Bühne für ein Finale voller Dramatik und Spannung bereitete. Die Luft war elektrisierend und aufgeladen mit dem kollektiven Atem der Fans weltweit, als sich zwei Gladiatoren, McLaren-Pilot Lewis Hamilton und Ferrari-Pilot Kimi Räikkönen, darauf vorbereiteten, ihre Namen in die Annalen der Motorsportgeschichte einzubrennen.

Hamilton, das junge Wunderkind aus Großbritannien, stand kurz vor einem beispiellosen Rookie-WM-Sieg. Sein kometenhafter Aufstieg im Laufe der Saison war der Stoff, aus dem Märchen sind, geprägt von kühnen Überholmanövern und unnachgiebiger Entschlossenheit. In der McLaren-Box herrschte eine Atmosphäre des vorsichtigen Optimismus, die von der spürbaren Anspannung dessen, was auf dem Spiel stand, geprägt war. Die Ingenieure und Mechaniker, deren Gesichter von den Prüfungen der Saison gezeichnet waren, schauten zu, ihre Hoffnungen ruhten auf Hamiltons Schultern.

Umgekehrt war das Ferrari-Lager eine Mischung aus stoischer Entschlossenheit und feuriger Leidenschaft, die für das geschichtsträchtige Erbe der Scuderia steht. Räikkönen, "The Iceman", war ihr Champion – ein Fahrer, dessen ruhiges Auftreten einen erbitterten Konkurrenten Lügen strafte. Der Weg des Finnen zum Titel war schmaler und erforderte nicht nur einen Sieg, sondern auch eine Schwäche von Hamilton. Als die Motoren zum Leben erwachten, sprach Luca di Montezemolo, der Vorstandsvorsitzende von Ferrari, ein letztes Mal ein Wort der Ermutigung an sein Team. "Heute kämpfen wir mit dem Herzen eines Löwen", erklärte er, und seine Stimme war ein Schlachtruf inmitten des Gebrülls der Menge.

Das Rennen begann mit der Intensität, die einer Meisterschaftsentscheidung gebührt. Doch schon früh erlitt Hamiltons Auto durch eine Wendung des Schicksals einen unerwarteten mechanischen Schluckauf, der Schockwellen durch das McLaren-Team schickte. Der Anblick von Hamiltons Auto, das kurzzeitig langsamer wurde, war ein Schlag in die Magengrube für die Hoffnungen des Teams, denn die Boxenmauer war voller hektischer Betriebsamkeit, während sie daran arbeiteten, die Situation zu verbessern. "Bleib fokussiert, Lewis. Das Rennen ist lang, und es ist noch nichts entschieden", ermunterte ihn sein Renningenieur mit Gelassenheit, ein Hoffnungsschimmer in einem Moment der Verzweiflung.

In der Zwischenzeit navigierte Räikkönen mit der Präzision und Coolness, die ihm seinen Spitznamen eingebracht hatten, mit einer meisterhaften Beherrschung durch die Rennstrecke von Interlagos. Die Ferrari-Boxenmauer war eine Studie der konzentrierten Vorfreude, jede Runde brachte sie einem Traum näher, der noch vor wenigen Wochen in weiter Ferne schien. Di Montezemolo, der aufmerksam zuschaute, blieb ein Bild verhaltener Aufregung, sein Glaube an Räikkönen unerschütterlich. "Behalte den Preis im Auge, Kimi. Jede Kurve, jede Runde bringt uns näher", intonierte er, und seine Stimme war eine stetige Präsenz inmitten des Crescendos der Motoren.

Als die letzten Runden abgewickelt wurden und Räikkönen die Ziellinie überquerte, brachen in der Ferrari-Box Szenen ungezügelter Freude aus. Das rote Meer, ein Symbol für Ferraris bleibendes Vermächtnis, schwoll vor Emotionen an, als Räikkönen die Meisterschaft mit einem hauchdünnen Vorsprung gewann. Es war ein Sieg, der über das Rennen selbst hinausging – ein Beweis für Widerstandsfähigkeit, für den Glauben im Angesicht von Widrigkeiten.

Der Große Preis von Brasilien 2007 sollte nicht nur wegen des Dramas seines Rennens in Erinnerung bleiben, sondern auch wegen der tiefgründigen Geschichte, die er dem Teppich der Formel 1 hinzufügte – eine Geschichte von verfolgten Träumen, von umgekehrten Schicksalen und von der hauchdünnen Linie zwischen Triumph und Herzschmerz. Für Ferrari war es eine erneute Bestätigung ihres Platzes an der Spitze des Motorsports. für McLaren und Hamilton eine ergreifende Erinnerung an die Grausamkeit und Schönheit des Rennsports. Am Ende war das Saisonfinale 2007 ein Zeugnis für die Unberechenbarkeit der Formel 1, in der Champions im Schmelztiegel des Wettbewerbs geschmiedet und Legenden im Herzen der Schlacht geboren werden.

Die Hitze des Gefechts

Die Rivalität zwischen McLaren und Ferrari, die über den reinen Wettbewerb hinausging, entwickelte sich zu einer Saga voller Dramatik, die die Essenz der Faszination der Formel 1 verkörpert. Dieses Narrativ wurde nicht nur aus den öffentlichkeitswirksamen Skandalen konstruiert, die die Welt schockierten, sondern auch durch unzählige Duelle gewoben, die sich in der Hitze des Gefechts und unter den Blicken von Millionen abspielten. Jedes

Rennwochenende versprach ein neues Kapitel in ihrer geschichtsträchtigen Rivalität, ein Beweis für das unnachgiebige Streben nach Exzellenz, das beide Teams verkörperten.

Auf den Strecken von Monaco bis Silverstone war die Spannung zwischen McLaren und Ferrari spürbar, die Luft voller Vorfreude. Der Strategieraum jedes Teams wurde zu einem Hexenkessel aus Planung und Gegenplanung, in dem jede Entscheidung zum Triumph oder zur Katastrophe führen konnte. Die Rivalität war sowohl ein Kampf des Verstandes unter den Strategen als auch des Könnens der Fahrer.

Ein denkwürdiges Ereignis ereignete sich in der brütenden Hitze des Großen Preises von Italien in Monza, einem Tempel der Geschwindigkeit, der Zeuge unzähliger Geschichten von Ruhm und Herzschmerz war. In einem strategischen Duell, das die Fans in Atem hielt, versuchte McLaren einen waghalsigen Undercut und ließ seinen Spitzenfahrer früh an die Box, um den Ferrari vor sich zu holen. Die Reaktion der Ferrari-Boxenmauer ließ nicht lange auf sich warten, die Gegenstrategie wurde mit einer Präzision ausgeführt, die sich nur jahrelange Erfahrung leisten konnte. "Halte ihn so lange wie möglich auf Distanz", lautete die dringende Anweisung über den Funk des Ferrari-Fahrers, ein Befehl, der zu einer Reihe von nervenaufreibenden Runden führte, in denen jede Kurve den Unterschied zwischen Erfolg und Misserfolg ausmachen konnte.

Diese hochgespannten Momente beschränkten sich nicht nur auf die strategischen Duelle abseits der Strecke, sondern spiegelten sich auch in den waghalsigen Duellen zwischen den Fahrern der Teams auf der Strecke wider. Überholmanöver an der Grenze von Mut und Geschicklichkeit, Rad-an-Rad-Rennen, die keinen Raum für Fehler ließen, und strittige Zwischenfälle, bei denen manchmal die Stewards einschritten. Jeder Vorfall heizte die hitzige Rivalität an und löste Debatten unter Fans und Experten gleichermaßen aus.

"Hast du diesen Zug gesehen?" wurde zu einem häufigen Refrain auf den Tribünen und in den sozialen Medien, als die Wiederholungen seziert und Meinungen gebildet wurden.

Trotz der hitzigen Momente und Kontroversen ist das fortdauernde Erbe der McLaren-Ferrari-Rivalität von einem gegenseitigen Respekt geprägt, der im Schmelztiegel des Wettbewerbs geschmiedet wurde. Es ist eine Erzählung, die nicht nur durch ihre Kämpfe um die Vorherrschaft bereichert wird, sondern auch durch die gemeinsamen Momente des Sportsgeistes und der Anerkennung der Fähigkeiten des anderen. Nach umstrittenen Rennen, inmitten des Abkühlens der Motoren und der vollen Garagen, gab es Momente des stillen Wiedererkennens zwischen den Rivalen, des Verständnisses, dass sie alle Teil von etwas waren, das viel größer war als sie selbst – ein Spektakel, das Millionen auf der ganzen Welt in seinen Bann zog.

Bei jeder umstrittenen Taktik, jedem umstrittenen Überholmanöver und jedem strategischen Duell blieb die Rivalität zwischen McLaren und Ferrari als Leuchtfeuer der höchsten Werte des Sports bestehen: Ehrgeiz, Mut und ein unerschütterliches Streben nach Exzellenz. Dies waren die Funken, die das Pulverfass des Wettbewerbs entzündeten und dafür sorgten, dass die Rivalität zwischen McLaren und Ferrari nicht nur ein Wettstreit um die Geschwindigkeit auf der Strecke blieb, sondern eine fesselnde Geschichte, die für kommende Generationen erzählt werden wird, ein geschichtsträchtiges Kapitel in den Annalen der Motorsportgeschichte.

Kapitel 7: Die Psychologie des Rennsports

In der hochoktanigen Welt der Formel 1, in der Millisekunden zwischen Triumph und Niederlage liegen, spielt die mentale Stärke von Fahrern, Ingenieuren und Teamleitern eine entscheidende Rolle bei der Definition des Erfolgs. Die intensive Rivalität zwischen McLaren und Ferrari diente als Lupe für die psychologischen Nuancen des Sports und zeigte, wie wichtig mentale Widerstandsfähigkeit, Teamdynamik und Führungsqualitäten sind wie die Technologie, die die Autos vorantreibt.

Der Verstand eines Champions

Das psychologische Schlachtfeld der Formel 1, auf dem die besten Fahrer der Welt zusammenkommen, ist so komplex und nuanciert wie der technische Krieg, den Ingenieure und Designer führen. In dieser Arena ist die mentale Stärke von Champions wie Ayrton Senna von McLaren und Michael Schumacher von Ferrari ein Beweis für die Macht des Geistes über die Materie, und ihre Herangehensweisen sind sinnbildlich für die vielfältigen psychologischen Landschaften, die von denen an der Spitze des Motorsports durchquert werden.

Für Senna war das Cockpit seines McLaren ein Heiligtum der Einsamkeit, ein Ort, an dem der Lärm der Welt in den Hintergrund trat und durch eine Symphonie aus Motortönen und Reifenprofilen ersetzt wurde. In diesen Momenten transzendierte Senna die physische Welt des Rennsports und trat in einen Zustand der Hyperfokussierung ein, in dem sich die Zeit zu erweitern schien und er mit übernatürlicher Präzision antizipieren und reagieren konnte. Das war nicht nur Konzentration; es war ein meditativer Zustand, eine Mischung aus Zen und purer Willenskraft. "In diesen Momenten fahre ich nicht das Auto. Ich bin das Auto", sinnierte Senna einmal, als er über die symbiotische Beziehung nachdachte, die er mit seinem

McLaren teilte. Diese tiefe Verbindung zu seiner Maschine ermöglichte es Senna, Leistungen zu erzielen, die an ein Wunder grenzten, und seine Fahrten unter tückischen Bedingungen wurden zum Stoff für Legenden.

Im Gegensatz dazu beruhte Michael Schumachers Herrschaft über seinen Verstand und seinen Ferrari auf einem Fundament unermüdlicher Vorbereitung und analytischer Präzision. Schumacher ging jedes Rennen so an, wie ein Schachmeister sich dem Brett nähert, jeden Zug berechnet, jedes Potenzial in Betracht zieht. Seine mentalen Proben vor den Rennen waren erschöpfend, er visualisierte Runde für Runde, Kurve für Kurve, bis sich die Strecke in sein Gedächtnis eingebrannt hatte. "Um das Auto zu kontrollieren, muss ich zuerst meinen Kopf kontrollieren", sagte Schumacher und unterstrich damit seinen Glauben an die oberste Priorität der mentalen Vorbereitung. Diese akribische Herangehensweise ermöglichte es Schumacher, unter Druck unerschütterlich zu bleiben, inmitten des Chaos des Rad-an-Rad-Kampfes Klarheit zu finden und seine Strategie mit chirurgischer Präzision umzusetzen.

Der Kontrast in ihren psychologischen Herangehensweisen an den Rennsport – Sennas transzendentaler Fokus gegen Schumachers kalkulierte Präzision – unterstreicht die mentale Vielfalt unter den Champions. Doch beide Methoden haben einen gemeinsamen Nenner: das unermüdliche Streben nach Selbstverbesserung und den Mut, sich den eigenen Grenzen zu stellen und sie zu überwinden.

Die Stille vor dem Sturm, die Stille im Getöse, ist mehr als nur eine Pause vor dem Ausbruch der Schlacht; Es symbolisiert den Moment der Selbstbeobachtung, der Selbstkonfrontation, mit dem jeder Champion konfrontiert ist. Hier, in der Einsamkeit ihrer Cockpits, lieferten sich Senna und Schumacher das anspruchsvollste Rennen von allen – das Rennen gegen die Grenzen des eigenen Potenzials.

Wenn die Lichter ausgehen und die Welt zuschaut, werden die Köpfe dieser Champions zu Arenen, in denen sich Kämpfe des Willens, der Strategie und des Fokus entfalten. Hier, im Schmelztiegel des Wettbewerbs, werden Legenden geschmiedet und das wahre Wesen eines Champions enthüllt. Der Geist eines Champions ist eine Festung, gestählt durch das Feuer des Ehrgeizes und das unerbittliche Streben nach Exzellenz – ein Zeugnis für die Kraft des menschlichen Geistes, das Denkbare zu transzendieren und die Grenzen des Möglichen neu zu definieren.

Teamdynamik unter Druck

Am Abgrund eines Grand-Prix-Wochenendes verwandelten sich die Boxen von McLaren und Ferrari in Epizentren hektischer Betriebsamkeit, jedes Teammitglied verschanzte sich in seiner Rolle und trug zur Symphonie der Vorbereitung bei, die der Kakophonie des Renntages vorausgeht. Inmitten des Wirbels der Druckluftschrauber und des Balletts der Mechaniker, die über die schlanken Formen der Rennwagen schwärmten, gab es eine unfassbare, aber spürbare Kraft, die oft das Zünglein an der Waage des Schicksals war: die psychologische Harmonie innerhalb des Teams.

Im McLaren-Lager war Ron Dennis, eine Figur, die sowohl verehrt als auch gefürchtet wurde, der Dreh- und Angelpunkt dieser Harmonie. Seine Präsenz in der Box war beeindruckend und eine Verkörperung der Standards, an die er sein Team stellte. Mit scharfem Blick beobachtete er seine Crew und bemerkte die nahtlose Choreografie, mit der sie arbeitete. Er versammelte sie und wandte sich an sein Team, seine Stimme fest und doch von einer ansteckenden Überzeugung durchdrungen. "Denken Sie daran", begann er, und sein Blick schweifte über die Gesichter vor ihm, "unsere Stärke liegt nicht nur in unseren Maschinen, sondern in unserer Einheit. Wir gewinnen als Team, und wir verlieren als Team."

Seine Worte waren nicht nur Rhetorik; Sie waren das Credo, nach dem McLaren arbeitete, ein Umfeld zu fördern, in dem eine offene Kommunikation florierte und gegenseitiger Respekt die Grundlage bildete.

Währenddessen fand in den heiligen Hallen von Ferrari eine andere Art von Alchemie statt. Hier wurde das leidenschaftliche Feuer, das für den italienischen Motorsport steht, gebündelt und ein familiärer Zusammenhalt unter den Teammitgliedern geschmiedet. Jean Todt stand mit seinem stoischen Auftreten und seinem strategischen Verstand das Herz dieser Familie. In einem Moment der Ruhe vor dem Sturm des Rennens versammelte er sein Team, deren Gesichter ein Mosaik aus Konzentration und Vorfreude bildeten. "Unsere Leidenschaft ist der Motor, der uns antreibt", sagte Todt, und seine Stimme war ein stetiges Leuchtfeuer inmitten des Sturms der Gefühle. "Aber denken Sie daran, es ist unsere Einheit, unser kollektiver Wille, der uns unbesiegbar macht." In seinen Worten lag die Essenz des Ferrari-Ethos – das Verständnis, dass Emotionen, wenn sie mit Präzision und Sorgfalt kanalisiert werden, zu einer gewaltigen Kraft werden.

Als die Motoren zum Leben erwachten und die Tribünen vor Vorfreude bralten, standen die Teams am Rande eines weiteren Kräftemessens. Die Autos, technologische Wunderwerke, die sie waren, trugen die Hoffnungen und Träume ihrer Schöpfer. Aber abgesehen von der Kohlefaser, den akribisch abgestimmten Motoren und den aerodynamischen Konturen war es der Geist des Teams, der der Maschine Leben einhauchte.

Der Grand Prix entfaltete sich, ein Hochgeschwindigkeitsdrama im Rampenlicht der Weltbühne. Die McLaren und Ferraris tanzten ihr tödliches Ballett in halsbrecherischer Geschwindigkeit, jeder Schritt war ein Zeugnis der unzähligen Stunden der Vorbereitung und des unnachgiebigen Antriebes ihrer Teams. Und als die Zielflagge fiel und damit ein weiteres Kapitel in ihrer geschichtsträchtigen Rivalität endete, war klar, dass das Ergebnis schon lange entschieden war, bevor die Autos auf die Strecke gegangen waren. Es wurde in den Garagen und in den Versammlungsräumen entschieden, in den Herzen und Köpfen derer, die es gewagt hatten, vom Sieg zu träumen. Denn im Schmelztiegel der Formel 1, wo Technologie und Talent in ständigem Wettbewerb stehen, ist es der Zusammenhalt und der Geist des Teams, der oft die Geschichtsbücher schreibt.

Führung auf der Überholspur

In der hochoktanigen Welt der Formel 1, in der Millisekunden zwischen den Champions und den Anwärtern liegen, entpuppt sich die Führung an der Spitze legendärer Teams wie McLaren und Ferrari als zentrale Kraft, die das Schicksal mit Entscheidungen auf und neben der Rennstrecke prägt. Ron Dennis von McLaren und die Führungsriege bei Ferrari, einschließlich des legendären Enzo Ferrari, gefolgt von Jean Todt, boten gegensätzliche Führungsparadigmen, die im Stil ebenso unverwechselbar wie in ihrer Effektivität vereint waren.

Ron Dennis, der Architekt hinter der modernen Ära des Erfolgs von McLaren, ging die Führung mit der Präzision eines Handwerksmeisters an. Seine Domäne war eine des unerbittlichen Perfektionismus, in der jedes noch so kleine Detail genau unter die Lupe genommen und optimiert wurde. Im weitläufigen McLaren Technology Centre, einer Manifestation von Dennis' Vision, sah man ihn oft in tiefgründigen Gesprächen mit seinem Team, sein Auftreten ruhig und doch hochkonzentriert. "Der Teufel steckt im Detail", behauptete Dennis, und seine Stimme trug das Gewicht seiner Überzeugung. "Antizipieren, planen, ausführen – so bleiben wir in diesem Sport an der Spitze." Bei seiner Führung ging es nicht nur darum, McLaren zu Siegen zu führen. Es ging darum, eine Kultur der

Exzellenz zu schaffen, einen unermüdlichen Drang nach Innovation, der jeden Aspekt der Teamarbeit durchdrang.

Auf der anderen Seite der Trennlinie hallte in den Korridoren des Ferrari-Hauptsitzes in Maranello eine andere Art von Ethos wider, die tief mit dem leidenschaftlichen Geist ihres Gründers Enzo Ferrari verwoben war und später von Jean Todt verkörpert wurde. Ferraris Führung war instinktiv und wurzelte im tiefgreifenden Vermächtnis des springenden Pferdes und der emotionalen Verbindung, die es hervorrief. Enzo Ferrari mit seiner charismatischen Aura führte nicht nur mit Entscheidungen, sondern mit einer Vision, bei der es sowohl darum ging, Rennen zu gewinnen, als auch darum, Leidenschaft zu entfachen. "Um ein großartiges Auto zu bauen, ein Siegerauto, musst du es in deinem Herzen fühlen", bemerkte Enzo einmal, und seine Worte sind ein Zeugnis des Ethos, das Ferraris Führung definierte. Jean Todt, der diesen Mantel geerbt hat, kombinierte strategischen Scharfsinn mit emotionaler Intelligenz und förderte ein Teamumfeld, in dem Loyalität und Leidenschaft für den Erfolg ebenso entscheidend waren wie technische Fähigkeiten. "Ferrari ist mehr als ein Team. Es ist eine Familie. Und in dieser Familie treibt unsere Leidenschaft unser Streben nach Exzellenz an", sagte Todt oft und fasste damit die Essenz der Führungsphilosophie von Ferrari zusammen.

Das Zusammenspiel dieser gegensätzlichen Führungsstile spielte eine entscheidende Rolle in der geschichtsträchtigen Rivalität zwischen McLaren und Ferrari. Auf der Strecke, wenn die Motoren aufheulten und die Autos ihre Geschwindigkeitsspuren bahnten, waren es die stillen Kämpfe des Verstandes, die Strategien, die in der Stille vor dem Sturm entwickelt wurden, und die Kulturen, die in jedem Team kultiviert wurden, die oft den Ausschlag gaben. Die akribische Planung und Innovation von Dennis' McLaren fanden ihren Kontrapunkt in dem leidenschaftlichen, traditionsorientierten Ansatz der Ferrari-Führung.

Im Schmelztiegel des unerbittlichen Wettbewerbs der Formel 1 haben die Führung von Ron Dennis und die Hüter des Ferrari-Vermächtnisses gezeigt, dass die Wege zum Sieg zwar auseinander gehen, das Ziel aber das gleiche bleibt. Das Vermächtnis ihrer Führung, geprägt von Triumphen und Prüfungen, unterstreicht das komplexe Geflecht der Formel 1, in der Technologie, Strategie und Emotionen miteinander verflochten sind. Es hebt die nuancierten psychologischen Kämpfe hervor, die den körperlichen Wettkampf auf der Strecke ergänzen, und beweist, dass bei der Jagd nach Ruhm die Widerstandsfähigkeit des Geistes, die Einheit des Teams und die Vision seiner Anführer die wahren Motoren des Sieges sind.

Kapitel 8: Triumphe und Trophäen

Die Rivalität zwischen McLaren und Ferrari, zwei Kolossen, die durch die Formel-1-Landschaft schreiten, wurde von Momenten der puren Begeisterung und der niederschmetternden Enttäuschung unterbrochen. Bei ihrer Jagd nach dem Sieg ging es nicht nur um den Ruhm, Rennen zu gewinnen, sondern um die unerbittliche Jagd nach dem ultimativen Preis: der Weltmeisterschaft.

Der Aufstieg von McLaren: Sennas Ära

Die späten 1980er und frühen 1990er Jahre läuteten einen Wandel in den heiligen Hallen von McLaren ein, eine Zeit, die den Höhepunkt des geschichtsträchtigen Vermächtnisses des Teams in der Formel 1 definieren sollte. Im Mittelpunkt dieser Ära der Dominanz stand die Figur von Ayrton Senna, einem Fahrer, dessen Name zum Synonym für die Essenz der Exzellenz im Rennsport werden sollte. Es war eine Zeit des intensiven Wettbewerbs, der Innovation und des unvergleichlichen Ehrgeizes, die sich in der Rivalität zwischen Senna und seinem Teamkollegen Alain Prost widerspiegelten. Dies war nicht nur ein Kampf um Meisterschaften; Es war ein Kampf der Ideologien, ein Duell der Titanen, das den Sport in nie dagewesene Höhen heben sollte.

Sennas Ankunft bei McLaren im Jahr 1988 wurde mit spürbarer Vorfreude aufgenommen. Von Anfang an war klar, dass er eine Inbrunst und Hingabe mitbrachte, die ihresgleichen suchte. Sein erster WM-Sieg mit McLaren 1988 war nicht nur ein Triumph; Es war eine Erklärung seines unbezwingbaren Geistes und seines Renngenies. Die Saison selbst war eine Leinwand, auf der Senna Meisterleistungen der Brillanz malte, vor allem beim Großen Preis von Japan in Suzuka.

Suzuka mit seiner komplizierten Mischung aus

Hochgeschwindigkeitskurven und technischen Abschnitten war die perfekte Bühne für eines der prägendsten Rennen dieser Ära. Der Himmel war voller Spannung, die Luft voller Vorfreude, als sich das McLaren-Duo auf einen Showdown vorbereitete, der Auswirkungen auf die Meisterschaft hatte. Senna, der von der Pole-Position gestartet war, musste einen Rückschlag hinnehmen, der ihn ans Ende des Feldes zurückfallen ließ. Was folgte, war jedoch nichts weniger als ein Wunder.

In der McLaren-Box spielte sich eine Symphonie der Gefühle ab, mit Ron Dennis am Steuer, den Blick auf die Monitore gerichtet und zusah, wie Senna sich mit chirurgischer Präzision seinen Weg durch das Feld bahnte. Jedes Überholmanöver war ein Beweis für sein unermüdliches Streben nach dem Sieg, sein McLaren MP4/4 war eine Erweiterung seines Willens. "Sieh zu, wie er geht", flüsterte Dennis mit einer Mischung aus Ehrfurcht und Vorfreude in seiner Stimme. "Ayrtons Fahren ist Poesie in Bewegung; Es ist, als wären er und das Auto eins."

Als Senna die Führung zurückeroberte und die Ziellinie überquerte, brach die McLaren-Box in Jubel aus, und die Anspannung wich der Begeisterung. Aber für Dennis war dieser Moment mehr als nur ein Sieg; Es war der Höhepunkt jahrelanger Beharrlichkeit und ein Beweis für das Engagement des Teams für Spitzenleistungen. "Wir sind Zeugen des Aufstiegs nicht nur eines Champions, sondern einer Legende", bemerkte er mit einem Gefühl von Stolz und Ehrfurcht in seiner Stimme. Die Bedeutung des Augenblicks war ihm nicht entgangen; Unter dem intensiven Druck des Titelkampfes hatte Senna nicht nur Erfolg gehabt; Er war über sich hinausgewachsen.

Die Rivalität zwischen Senna und Prost, die sowohl von umstrittenen Schlachten als auch von Momenten der schieren Brillanz geprägt war, sprengte die Grenzen dessen, was in der Formel 1 für möglich gehalten wurde. Ihr Duell beschränkte sich nicht nur auf die

Rennbahnen; Es erstreckte sich auf das Ethos von McLaren und forderte das Team heraus, innovativ zu sein, sich anzupassen und sich der Situation zu stellen.

Nach Suzuka, als die Welt Sennas Triumph feierte, dachte das McLaren-Team über den Weg nach, der sie zu diesem Gipfel geführt hatte. Die Garagen und Boxenmauern, einst die Bühnen für Strategie und Wettbewerb, waren nun Zeugen einer goldenen Ära, die durch das überragende Talent von Ayrton Senna und die visionäre Führung von Ron Dennis definiert wurde. Diese Zeit, die vom Aufstieg von McLaren und der Senna-Ära geprägt war, sollte für immer in die Annalen der Motorsportgeschichte eingehen und eine Erinnerung an das Streben nach Exzellenz und den unbezwingbaren Wettbewerbsgeist sein, der die Formel 1 ausmacht.

Ferraris Wiederauferstehung: Die Schumacher-Jahre

Die Mitte der 1990er Jahre markierte eine Ära des Wandels und neuer Hoffnung für Ferrari, ein Team mit einer legendären Vergangenheit, aber jüngsten Leistungen, die die Fans nach mehr verlangen ließen. Der Katalysator für diesen Wiederaufstieg war kein Geringerer als Michael Schumacher, ein Fahrer, dessen Talent und Entschlossenheit nur von seinem einzigartigen Bestreben übertroffen wurden, Ferrari wieder an die Spitze der Formel 1 zu führen. Schumachers Ankunft in Maranello wurde mit großer Vorfreude und dem Gewicht der Erwartungen aufgenommen, aber es war eine Herausforderung, die er mit der gleichen Präzision und Konzentration annahm, die sein Fahrverhalten auszeichnete.

Im Laufe der Saisons begann die Partnerschaft zwischen Schumacher und Ferrari Ergebnisse zu tragen, die in der dramatischen und emotionalen Formel-1-Saison 2000 gipfelten. Der Große Preis von Japan in Suzuka war das Schlachtfeld, auf dem jahrelange Anstrengungen, Innovation und Leidenschaft zusammentrafen.

Schumachers Antrieb an diesem Tag war sinnbildlich für seine gesamte Karriere: berechnend, unerbittlich und äußerst geschickt. Mit dem Zieleinlauf sicherte er sich nicht nur seinen Sieg im Rennen, sondern auch seine erste Meisterschaft mit Ferrari und beendete damit eine 21-jährige Durststrecke für das Team in der Fahrerwertung.

In der Ferrari-Garage, in der normalerweise ein hektisches Treiben herrscht, herrschte für einen Moment Stille, und die Schwerkraft des Augenblicks sank in mich hinein. Jean Todt, der Teamchef, der für seinen Stoizismus bekannt ist, war sichtlich gerührt, und die Emotion in seinen Augen war deutlich zu sehen, als er sein Team umarmte. "Das ist mehr als ein Sieg; Es ist ein Zeugnis für den Geist von Ferrari", erklärte er mit ruhiger, aber voller Emotionen. Um ihn herum brach das Team in eine Kakophonie aus Jubel und Applaus aus, das scharlachrote Meer von Mechanikern und Ingenieuren, die sich in einem Moment des Triumphs vereinten. Dieser Sieg war nicht nur Schumachers Sieg; Es war ein Sieg für alle, die an den Traum geglaubt hatten, Ferrari wieder zu Ruhm und Ehre zu verhelfen.

Die Titelentscheidung 2008: Ein atemberaubendes Finale

Im Jahr 2008 war die Formel-1-Welt wieder in Atem, als die Saison beim Großen Preis von Brasilien ihren Höhepunkt erreichte. In einer Erzählung, die zu den dramatischsten aller Sportgeschichten gehört, lieferten sich Ferrari-Pilot Felipe Massa und McLaren-Pilot Lewis Hamilton einen Kampf um die Meisterschaft, dessen Ausgang bis zum letzten Moment des Rennens in der Schwebe hing.

Massa, der auf heimischem Boden fuhr, lieferte eine fehlerfreie Leistung ab, führte das Rennen von der Pole Position zum Sieg und tat alles, was in seiner Macht stand, um die Meisterschaft zu gewinnen. Als er die Ziellinie überquerte, tobte das brasilianische Publikum und für einen Moment schien es, als hätte Massa sich den

Titel gesichert. In der Ferrari-Box gab es einen Ausbruch der Freude, der durch das angespannte Warten auf Hamiltons endgültige Position gedämpft wurde.

In der McLaren-Box war die Anspannung derweil spürbar. Hamilton, der als Fünfter die Meisterschaft gewinnen musste, fand sich am Ende des Rennens auf dem sechsten Platz wieder. In einer Wendung, die nur in der Formel 1 möglich war, gelang es ihm jedoch, Timo Glock in den letzten Kurven des Rennens zu überholen und sich damit die notwendige Position zum Gewinn der Meisterschaft mit einem einzigen Punkt Vorsprung zu sichern.

Die gegensätzlichen Emotionen in den Boxen von McLaren und Ferrari waren ein deutliches Beispiel für den schmalen Grat zwischen Triumph und Herzschmerz in der Formel 1. Während McLaren feierte, war die Stimmung im Ferrari-Lager von Unglauben und Enttäuschung geprägt. "Das war die längste Runde meines Lebens", gestand Hamilton später, als ihm endlich die Ungeheuerlichkeit dessen, was er erreicht hatte, dämmerte. Trotz des Herzschmerzes über den Verlust der Meisterschaft festigten Massas liebenswürdiges Auftreten bei der Niederlage und sein Sieg vor heimischem Publikum seinen Status als Held in den Herzen der Fans.

Diese Momente, die voller Dramatik und Emotionen sind, stehen sinnbildlich für die Höhen und Tiefen, die die Formel 1 ausmachen. Sie unterstreichen nicht nur die technischen und körperlichen Herausforderungen des Sports, sondern auch die psychische Widerstandsfähigkeit und den Willen, die erforderlich sind, um auf höchstem Niveau zu konkurrieren. Die Geschichten über Ferraris Wiederaufstieg und das herzzerreißende Finale der Saison 2008 sind Kapitel in den Annalen der Motorsportgeschichte, Zeugnisse des unerschütterlichen Wettbewerbsgeistes und des unermüdlichen Strebens nach Exzellenz, das Teams wie Ferrari und McLaren antreibt.

Das Erbe der Rivalität

Die Rivalität zwischen McLaren und Ferrari hat in der Formel 1 einen reichen Teppich gewebt, der von epischen Schlachten, monumentalen Triumphen und schmerzlichen Niederlagen geprägt ist. Es ist eine Saga, die nicht nur Karrieren definiert, sondern auch das Fundament des Sports geprägt hat, seine Grenzen verschoben und neue Paradigmen der Exzellenz gesetzt hat.

Wenn die Motoren zum Leben erwachen und die Lichter ausgehen und damit der Beginn eines weiteren Kapitels in ihrem geschichtsträchtigen Wettbewerb signalisiert wird, ist es der kollektive Geist der Teams – Fahrer, Ingenieure, Strategen und Mechaniker –, die jeweils eine entscheidende Rolle spielen, der die Legende ausmacht. Von den Reißbrettern und Simulatoren bis hin zu den Boxengassen und Podiumsplätzen verlieh jeder Sieg von McLaren und jeder Triumph von Ferrari ihrer Rivalität Tiefe und verlieh ihr eine Bedeutung, die über die Grenzen der Rennstrecke hinausgeht.

Nach jedem Rennen war die Luft in den Boxen von McLaren und Ferrari von einer Vielzahl von Emotionen erfüllt. Die Siege wurden mit Inbrunst gefeiert, ein Zeugnis für das unermüdliche Streben nach Vorherrschaft und die Opfer, die im Streben nach Vorherrschaft erbracht wurden. Doch in Momenten der Niederlage war die Atmosphäre nachdenklich und geprägt von einem feierlichen Gelübde, gestärkt daraus hervorzugehen und aus den Lektionen zu lernen, die in der Hitze des Gefechts gezogen wurden. In diesen Momenten offenbarte sich das wahre Wesen der Rivalität – nicht nur als Wettstreit um Geschwindigkeit und Strategie, sondern als dauerhaftes Engagement für Exzellenz und Innovation.

Jenseits des harten Wettbewerbs entstand zwischen McLaren und Ferrari ein tiefes Gefühl des gegenseitigen Respekts, eine

Anerkennung des gemeinsamen Weges, der Prüfungen und Triumphe, die beide auf der Jagd nach Ruhm zu bewältigen hatten. Dieser Respekt spiegelte sich im Austausch zwischen den Teamchefs, in den sportlichen Gesten der Fahrer auf dem Podium und in den liebenswürdigen Anerkennungen in Zeiten von Sieg und Niederlage wider. Es unterstrich die Erkenntnis, dass ihre Rivalität zwar heftig war, aber ein Katalysator war, der die Formel 1 zu neuen Höhen führte, Fans auf der ganzen Welt in ihren Bann zog und aufstrebende Rennfahrer inspirierte, die davon träumten, eines Tages ihren Platz unter den Legenden einzunehmen.

Das Vermächtnis der Rivalität zwischen McLaren und Ferrari ist nicht nur in den Trophäen und Rekorden verankert, sondern auch in dem unbezwingbaren Geist, den sie förderte, ein Beweis für das unermüdliche Streben nach Perfektion. Es ist ein Vermächtnis, das Generationen überdauert und die Fans in eine Geschichte voller Heldentum, Herzschmerz und dem unsterblichen Streben nach Exzellenz einbezieht. Die Trophäen und Titel, Symbole ihrer Errungenschaften, sind nur Meilensteine auf einer Reise, die das Schicksal der Formel 1 weiterhin prägt.

Wenn die Sonne bei jedem Grand Prix untergeht und lange Schatten über den Asphalt wirft, liegt das Erbe der McLaren-Ferrari-Rivalität in der Luft und erinnert an die Schlachten, die auf den größten Rennbühnen der Welt geführt wurden, und an die Geschichte, die auf den größten Rennbühnen der Welt geschmiedet wurde. Es ist ein Vermächtnis, das weiterhin inspiriert, ein Leuchtturm für die zukünftigen Generationen von Rennfahrern, Ingenieuren und Fans gleichermaßen, eine ergreifende Erinnerung daran, dass das Herzstück der Formel 1 nicht nur ein Sport ist, sondern eine Feier des menschlichen Strebens, ein Streben nach Exzellenz, das keine Grenzen kennt.

Kapitel 9: Neuerungen und Vorwürfe

In der Formel-1-Welt, in der technologische Überlegenheit den Unterschied zwischen Sieg und Niederlage ausmachen kann, ist das Streben nach Innovation unerbittlich. Diese Suche trieb den Sport nicht nur voran, sondern war auch die Quelle für einige der umstrittensten Episoden. Die Rivalität zwischen McLaren und Ferrari, die für den Wettbewerbsgeist der Formel 1 steht, ist nicht immun gegen Kontroversen um Innovationen und Vorwürfe, insbesondere solche über Spionage und Rechtsstreitigkeiten, die den Sport unauslöschlich geprägt haben.

Die Spionage-Saga

Die Mitte der 2000er Jahre war eine turbulente Zeit für die Formel 1, geprägt von einem Spionageskandal, der Schockwellen durch das Fahrerlager schickte. Im Mittelpunkt der Kontroverse standen Vorwürfe, dass vertrauliche technische Informationen von Ferrari in die Hände von McLaren-Mitarbeitern gelangt seien. Die Saga entfaltete sich wie ein Spionagethriller, komplett mit geheimen Treffen, geheimen Kommunikationen und einem Dossier voller Dokumente, die das Vertrauensgefüge, das den Sport zusammenhielt, zu zerreißen drohten.

Die Auswirkungen waren unmittelbar und tiefgreifend. McLaren drohten empfindliche Strafen, darunter eine Rekordstrafe und die Disqualifikation aus der Konstrukteurswertung. Die Kontroverse beherrschte die Schlagzeilen, überschattete die Kämpfe auf der Strecke und warf einen Schatten auf die Integrität des Sports. "Das ist ein bedauerliches Kapitel in den Annalen der Formel 1", klagte Ron Dennis, der mit den Folgen zu kämpfen hatte, die das Vermächtnis von McLaren zu beschmutzen drohten.

Ferrari seinerseits sah sich in seinem Streben nach Gerechtigkeit bestätigt, beklagte aber die Umstände, die zu einem solchen Vertrauensbruch geführt hatten. "Wir treten an, um die Besten zu sein, aber Integrität muss der Eckpfeiler unseres Sports sein", reflektierte Jean Todt und verkörperte damit das Gefühl des Verrats, das die Scuderia empfand.

Rechtsstreitigkeiten und ihre Folgen

In der Formel-1-Arena, in der viel auf dem Spiel steht, wo das Streben nach Vorherrschaft die Teams auf den Zenit der technologischen Innovation treibt, fanden sich McLaren und Ferrari in Rechtsstreitigkeiten verwickelt, die die Grenzen des Wettbewerbs und der Kameradschaft austesteten. Der Spionageskandal war zwar der prominenteste, aber nur die Spitze des Eisbergs in einer Reihe von rechtlichen Verwicklungen, die Streitigkeiten über geistiges Eigentum, Vorwürfe der Abwerbung von Personal und Vorwürfe des Regelverstoßes umfassten. Diese Scharmützel, die sich in den nüchternen, kalten Räumen der Schiedsgerichtsbarkeit abspielten, verdeutlichten die hauchdünne Spanne zwischen der Führung des Rudels und der Überschreitung der Grenzen des Fairplay.

In einer dieser Episoden war das Fahrerlager voll von Gerüchten über einen wichtigen Ingenieur, der von Maranello nach Woking zog und einen Schatz an Wissen und Geheimnissen mitbrachte. "Es geht nicht nur um den Einzelnen", bemerkte ein leitender Ferrari-Manager während eines angespannten Treffens hinter verschlossenen Türen mit seinen McLaren-Kollegen, bei dem die Luft voller Anschuldigungen und Verteidigung war. "Es geht um die Integrität des Sports. Wir sind hier, um zu konkurrieren, ja, aber nicht auf Kosten der Ehre."

Auf der anderen Seite des Tisches antwortete ein McLaren-Vertreter, ruhig und doch bestimmt: "Unser Ziel war es immer, innovativ zu sein und die Grenzen zu erweitern. Ja, wir heißen Talente willkommen, aber wir tun dies unter Achtung der Regeln, die uns alle binden. Vergessen wir nicht, dass wir alle Hüter des Vermächtnisses dieses Sports sind."

Die Beilegung dieser Streitigkeiten blieb oft in Geheimhaltung gehüllt, und die Einzelheiten waren nur denen bekannt, die sich in diesen stürmischen Gewässern bewegten. Doch die Auswirkungen hallten weit über die Vorstandsetagen und Gerichtssäle hinaus. Sie lösten einen Wandel in der Formel 1 aus und veranlassten die Leitungsgremien, die Zügel beim Transfer von Technologie und Personal anzuziehen. "Wir befinden uns an einem Scheideweg", kündigte der FIA-Präsident in einer wegweisenden Ansprache an die Teams und Medien an, wobei sich die Ernsthaftigkeit des Augenblicks in seinem gemessenen Ton widerspiegelte. "Das Gewebe unseres Sports ist mit dem Geist des Wettkampfs verwoben, aber wir sollten es nicht mit der Schere der Täuschung ausfransen. Der Weg der Innovation muss Hand in Hand mit Integrität gehen."

Diese Proklamation markierte eine neue Ära in der Formel 1, in der Überwachung und Kontrolle ebenso Teil des Spiels wurden wie Aerodynamik und PS. Die Einführung eines neuen Reglements, das die Integrität des Sports schützen soll, stieß auf gemischte Reaktionen. In einem offenen Moment, als er über die Veränderungen nachdachte, sinnierte ein erfahrener Ingenieur: "Wir haben immer am Rande des Möglichen getanzt, aber jetzt hat die Tanzfläche Grenzen. Es ist eine neue Herausforderung, aber vielleicht ist es das, was wir brauchen, um die Essenz dieses Sports rein zu halten."

Das Vermächtnis dieser Rechtsstreitigkeiten war zwar von Streitigkeiten geprägt, diente aber letztendlich dazu, das Fundament der Formel 1 auf den Prinzipien des Fairplay und des ethischen Wettbewerbs zu stärken. Die Rivalitäten auf der Rennstrecke gingen weiter, so heftig wie eh und je, aber unterstrichen durch ein erneutes

Bekenntnis zur Einhaltung der Einsatzregeln. "Was wir durchgemacht haben", sagte ein Teamchef, "hat nicht nur unsere Entschlossenheit auf die Probe gestellt, sondern auch unser Engagement für den Sport, den wir lieben, bestätigt. Wir fahren nicht nur für den Ruhm, sondern auch für die Ehre des Wettbewerbs."

In der Geschichte der Formel 1 haben die juristischen Scharmützel zwischen McLaren und Ferrari der Rivalität komplexe Nuancen verliehen und alle Beteiligten daran erinnert, dass das Streben nach Exzellenz nicht nur Innovation und Geschwindigkeit erfordert, sondern auch die unerschütterliche Einhaltung der Prinzipien, die den Geist des fairen Wettbewerbs definieren.

Die Auswirkungen auf den Sport

Die Spionage-Saga und die anschließenden Rechtsstreitigkeiten, die sich zwischen McLaren und Ferrari entfalteten, markierten nicht nur Kapitel des Streits in den Annalen der Formel-1-Geschichte. Sie haben einen transformativen Wandel innerhalb des Sports ausgelöst. Im Zuge dieser Ereignisse befand sich die Formel 1 an einem Scheideweg und navigierte durch das empfindliche Gleichgewicht zwischen dem unermüdlichen Streben nach technologischem Vorsprung und der Notwendigkeit, ethische Standards aufrechtzuerhalten. Die Nachwirkungen dieser Kontroversen leiteten eine Ära der zunehmenden Regulierung, Transparenz und einer konzertierten Betonung ethischen Verhaltens ein, die die Landschaft der Formel 1 neu gestaltete.

Angetrieben von der Notwendigkeit, die Integrität des Sports zu schützen, haben die Leitungsgremien eine Reihe strenger Vorschriften erlassen, um eine Wiederholung solcher Vorfälle zu verhindern. Das Fahrerlager, einst eine geheime Enklave, in der die Teams ihre Innovationen mit Eifer hüteten, war nun ein Bereich, in dem die Aufmerksamkeit verstärkt auf dem Prüfstand stand. "Wir sind in eine neue Ära der Transparenz eingetreten", kündigte der FIA-Präsident in einer wegweisenden Ansprache an, die bei den Teams und Fans gleichermaßen Anklang fand. "Der Geist des Wettbewerbs muss durch Fairness und Respekt untermauert werden. Das sind die Säulen, auf denen unser Sport stehen wird."

Diese Verschiebung stieß auf gemischte Reaktionen. Einige betrauerten den Verlust der "Wildwest"-Tage der Technologiespionage, während andere die Veränderung begrüßten und sie als notwendig für die langfristige Nachhaltigkeit des Sports ansahen. Inmitten dieser Entwicklung hat die Rivalität zwischen McLaren und Ferrari nicht abgenommen, sondern neues Terrain gefunden. Die Widrigkeiten und juristischen Scharmützel trieben keinen Keil zwischen die Teams, sondern förderten einen tieferen gegenseitigen Respekt. "Die Herausforderungen, denen wir gegenüberstanden, die Schlachten, die wir ausgefochten haben, haben uns nicht gespalten; Sie haben uns in unserer Liebe zu diesem Sport vereint", reflektierte ein leitender Ferrari-Ingenieur, und seine Worte spiegelten die Gefühle vieler im Fahrerlager wider.

Dieser neu gewonnene Respekt beschränkte sich nicht nur auf die Machtkorridore innerhalb der Teams, sondern erstreckte sich auch auf die Fans und Interessenvertreter. Die Kontroversen lösten weitreichende Debatten über das Wesen von Wettbewerb und Innovation in der Formel 1 aus und verwickelten die Community in einen Diskurs über die ethischen Grenzen des technologischen Fortschritts. "Wo ziehen wir die Grenze?" wurde zu einer wiederkehrenden Frage in Foren, sozialen Medien und in der Fangemeinde und spiegelt eine kollektive Selbstbeobachtung über die Werte wider, die den Sport ausmachen.

Im großen Teppich der Formel 1 sind die Episoden der Spionage und des Rechtsstreits zwischen McLaren und Ferrari mehr als nur Fußnoten; Es sind Schlüsselmomente, die zu einer Neubewertung der Leitprinzipien des Sports geführt haben. Die daraus resultierende Ära der Regulierung und der ethischen Betonung erstickte den Innovationsgeist nicht, sondern kanalisierte ihn in einen Rahmen von Integrität und Fairness.

Während sich die Formel 1 weiterentwickelt und die Grenzen des technologisch Machbaren auslotet und gleichzeitig die Komplexität des Wettbewerbs meistert, dient das Vermächtnis dieser Episoden als Erinnerung an die Widerstandsfähigkeit des Sports. Es unterstreicht die Fähigkeit der Formel 1, sich anzupassen, stärker und geeinter aus den Herausforderungen hervorzugehen und die Prinzipien des Respekts und der Integrität, die die Markenzeichen des Motorsports sind, standhaft hochzuhalten. Die Rivalität zwischen McLaren und Ferrari, die durch dieses Kapitel ihrer Geschichte bereichert wurde, ist nach wie vor faszinierend, ein Beweis für ihre unnachgiebige Leidenschaft für den Rennsport und ein Symbol für den unvergänglichen Geist, der die Formel 1 vorantreibt.

Kapitel 10: Legenden hinter dem Steuer

Im großen Theater der Formel 1, wo technische Wunderwerke auf den Schmelztiegel des Wettbewerbs treffen, sind es die Fahrer, die zum Gesicht der Triumphe, Tragödien und Geschichten des puren Willens des Sports werden. Die Rivalität zwischen McLaren und Ferrari wurde von einigen der legendärsten Persönlichkeiten der Renngeschichte beehrt – Fahrer, deren Können, Mut und Charisma über das Cockpit hinausgingen und einen unauslöschlichen Eindruck in den Herzen der Fans auf der ganzen Welt hinterließen.

Ayrton Senna: Die Seele von McLaren

Die Ära von Ayrton Senna bei McLaren geht über bloße Statistiken und Meistertitel hinaus; Es stellt ein Kapitel dar, in dem die Seele des Rennsports durch das unermüdliche Streben eines Mannes nach Exzellenz verkörpert wurde. Sennas Integration in McLaren im Jahr 1988 war nicht nur eine Unterzeichnung; Es war die Verschmelzung der unbändigen Entschlossenheit eines Fahrers mit dem Innovationsgeist eines Teams und läutete den Beginn dessen ein, was viele als die goldene Ära der Formel 1 bezeichnen.

Senna brachte eine Intensität und Konzentration zu McLaren, die ihresgleichen suchte. Seine Interaktionen mit dem Team, von den Mechanikern bis zu den Ingenieuren, verliehen McLaren ein neues Ethos. "Als Ayrton über das Auto sprach, hörten wir alle zu", erinnerte sich ein McLaren-Ingenieur, "es war, als ob er die Seele des Autos spüren könnte." Diese tiefe Verbindung beschränkte sich nicht nur auf das Spirituelle; Sie hatte spürbare Auswirkungen auf die Entwicklung des Autos. Sennas Feedback, das aus seiner ausgeprägten Sensibilität für das Verhalten des Autos entstand, führte zu Innovationen, die die Grenzen des technisch Machbaren verschoben.

Die Rivalität mit Prost, sowohl als Teamkollege als auch als Gegner, wird oft nicht nur wegen ihrer Kampfstärke zitiert, sondern auch wegen der Art und Weise, wie sie beide Fahrer zu neuen Höhen führte. In der engen McLaren-Box war die Luft von einer kämpferischen Spannung erfüllt, die zwar spürbar war, aber von gegenseitigem Respekt für das Können und die Hingabe des anderen getragen wurde. "Ihre Kämpfe waren intensiv", bemerkte ein Teamstratege, "aber es war diese Intensität, die uns nach vorne trieb. Sie haben das Beste von sich selbst, von uns, vom Auto verlangt."

Nirgendwo war Sennas außergewöhnliches Talent sichtbarer als beim regennassen Großen Preis von Japan 1988 in Suzuka. Vom Ende des Feldes aus erzählte Senna eine Geschichte von Widerstandsfähigkeit und Kühnheit und inszenierte ein Comeback, das in die Annalen der Motorsportgeschichte eingegangen ist. Ron Dennis beobachtete von seinem Standpunkt an der Boxenmauer aus, wie Senna nicht nur Rennen fuhr, sondern die Grenzen des Möglichen überschritt. "Ayrton fährt nicht nur; Er komponiert eine Symphonie", bemerkte Dennis und fasste damit die ätherische Verbindung zwischen Fahrer und Maschine zusammen, die Sennas Ära bei McLaren definierte.

Sennas Einfluss auf McLaren reichte über das Cockpit hinaus. Er prägte die Kultur des Teams und vermittelte ihm ein Streben nach Perfektion, das jeden Aspekt des Betriebs durchdrang. "Er hat uns aufgebracht", sagte ein langjähriges Teammitglied, "sein Vermächtnis besteht nicht nur in den Trophäen und Siegen. Es ist das unermüdliche Streben nach Exzellenz, das zu unserem Credo wurde."

Wenn man über Sennas Vermächtnis nachdenkt, wird klar, dass sein Einfluss weit über seine Jahre bei McLaren hinaus nachhallt. Neue Generationen von Fahrern, Ingenieuren und Fans lassen sich von seinem Engagement, seinem Geist und seinem unerschütterlichen

Engagement für die Kunst des Rennsports inspirieren. "Jedes Mal, wenn wir vor einer Herausforderung stehen, fragen wir uns: Was würde Ayrton tun?", sagt ein junger McLaren-Fahrer, ein Beweis für das bleibende Vermächtnis von Sennas Zeit im Team.

Sennas Ära bei McLaren, die von atemberaubenden Siegen, herzzerreißenden Herausforderungen und einem unersättlichen Streben nach Perfektion geprägt war, bleibt ein prägendes Kapitel in der Geschichte der Formel 1. Es ist eine Erzählung, die über den Sport hinausgeht, eine Erinnerung an die Kraft der Leidenschaft, die Bedeutung von Innovation und den unbezwingbaren Geist des Wettbewerbs. In der Geschichte von McLaren und in der Geschichte der Formel 1 ist Ayrton Senna eine überragende Figur, ein Fahrer, dessen Streben nach Perfektion nicht nur darauf abzielte, die Grenzen des Rennsports neu zu definieren, sondern auch die Seele des Rennsports einzufangen.

Michael Schumacher: Der Rote Baron von Ferrari

Michael Schumachers Ankunft bei Ferrari Mitte der 1990er Jahre bedeutete mehr als nur einen Teamwechsel. Es markierte den Beginn einer transformativen Reise sowohl für den Fahrer als auch für die ikonische italienische Marke. Seine Integration in Ferrari war wie die Infusion einer vitalen Kraft, die die Ambitionen des Teams neu belebte und es auf den Weg zu beispiellosen Erfolgen brachte.

Schumachers Herangehensweise an den Rennsport war ganzheitlich. Er fuhr nicht nur; Er tauchte in jeden Aspekt der Teamarbeit ein, von den Nuancen der Fahrzeugentwicklung bis hin zu den Strategien, die am Renntag eingesetzt wurden. Seine Zusammenarbeit mit den Ingenieuren war symbiotisch und erweiterte die Grenzen von Innovation und Fahrzeugleistung. "Wir haben mit Michael einen neuen Gang gefunden", bemerkte ein leitender Ingenieur bei Ferrari. "Sein Beitrag ist von unschätzbarem Wert; Er sieht das Potenzial in jedem Detail."

Diese akribische Hingabe spiegelte sich in Schumachers Vorbereitung wider. Er war bekannt für sein umfassendes körperliches Training, das dafür sorgte, dass er in den letzten Runden eines Rennens genauso scharf war wie in den ersten. Aber über die körperliche Situation hinaus stach Schumachers mentale Widerstandsfähigkeit hervor. Trotz Herausforderungen, sei es in Form von Rivalen auf der Strecke oder dem hohen Erwartungsdruck, blieb er unerschütterlich, sein Fokus unerschütterlich.

Der krönende Moment von Schumachers unermüdlicher Verfolgung kam beim Großen Preis von Japan 2000 in Suzuka. Das Rennen war ein Schmelztiegel, der nicht nur die Geschwindigkeit des Autos, sondern auch den Geist des Teams auf die Probe stellte. Schumachers Sieg, mit dem er sich seine erste Meisterschaft mit Ferrari sicherte, war eine kathartische Befreiung für die gesamte Scuderia. Der Jubel in der Ferrari-Box war mit Händen zu greifen, eine Mischung aus Erleichterung und Bestätigung, als jahrelange Bemühungen schließlich im Triumph gipfelten.

Jean Todt, normalerweise zurückhaltend, konnte seine Emotionen nicht verbergen. Inmitten der Feierlichkeiten reflektierte er über Schumachers Einfluss: "Michael hat neu definiert, was es bedeutet, ein Teil von Ferrari zu sein. Er ist nicht nur ein Fahrer; Er ist die Essenz, das Herz, das uns zum Sieg antreibt. Heute feiern wir nicht nur eine Meisterschaft. Wir feiern die Wiedergeburt des Renngeistes von Ferrari."

In den folgenden Jahren übertraf Schumachers Einfluss auf Ferrari seine Beiträge auf der Rennstrecke. Er wurde zum Mentor, zur Leitfigur für jüngere Fahrer und zu einem festen Bestandteil der Ferrari-Familie. Sein Vermächtnis waren nicht nur die Titel und Trophäen, sondern auch die Kultur der Exzellenz und

Entschlossenheit, die er dem Team vermittelte.

Wenn man sich an Schumachers Ära bei Ferrari erinnert, wird klar, dass sein Vermächtnis in das Gefüge der Scuderia eingewoben ist. Die Zeit der Dominanz, die unermüdliche Jagd nach Siegen und die Wiederauferstehung von Ferraris Gelingen in der Formel 1 sind allesamt Kapitel in der Geschichte des Sports, Kapitel, die unauslöschliche Spuren von Michael Schumachers Antrieb, Entschlossenheit und Geist tragen. Seine Zeit bei Ferrari ist nicht nur wegen der Siege und Meisterschaften in Erinnerung geblieben, sondern auch wegen des Wiederauflebens eines Teams, das sich unter seinem Einfluss wieder als Titan des Motorsports etablierte.

Lewis Hamilton: Das Wunderkind von McLaren

Als Lewis Hamilton 2007 sein Formel-1-Debüt mit McLaren gab, verfolgte die Motorsportwelt mit angehaltenem Atem, wie ein Wunderkind die Bühne betrat. Mit einer Mischung aus roher Geschwindigkeit und einem furchtlosen Rennstil war Hamilton nicht nur ein Rookie; Er war ein Vorbote einer neuen Ära in der Formel 1. Seine erste Saison war nichts weniger als spektakulär, forderte erfahrene Veteranen heraus und trotzte den Erwartungen auf Schritt und Tritt. Der Höhepunkt dieses bemerkenswerten Einstiegs in die Welt der Formel 1 war der Große Preis von Brasilien, ein Rennen, das Hamiltons Namen in die Annalen der Sportgeschichte einbrennen sollte, nicht wegen des Sieges, den er nur knapp verpasste, sondern wegen des Versprechens von Größe, das es versprach.

Die McLaren-Box war während des schicksalhaften Rennens in Brasilien ein Schmelztiegel der Spannung und Vorfreude. Das Team, das sich des enormen Talents von Hamilton voll bewusst war, musste mit ansehen, wie ihnen die Meisterschaft in den letzten Momenten durch die Finger glitt, ein Herzschmerz, der in der Luft zu spüren war. Doch inmitten der Enttäuschung gab es ein Gefühl des unvermeidlichen Triumphs. "Wir haben gesehen, wozu Lewis fähig ist", bemerkte ein leitender McLaren-Ingenieur mit einer Mischung aus Stolz und Entschlossenheit. "Das ist nicht das Ende; Es ist nur der Anfang einer Reise, die uns in Höhen führt, von denen wir nur geträumt haben."

Hamiltons Reaktion auf den Rückschlag war charakteristisch für den Champion, der er werden sollte. Mit Entschlossenheit im Gesicht blickte er über die Enttäuschung hinweg und sah keine Niederlage, sondern ein Sprungbrett. "Das ist erst der Anfang", sagte Hamilton mit Überzeugung, und seine Augen leuchteten vom Feuer unerfüllter Ambitionen. "Wir werden stärker, schneller und entschlossener zurückkommen. Das Beste kommt erst noch."

Getreu seinem Wort führte Hamiltons Reise mit McLaren ihn im folgenden Jahr an die Spitze der Formel 1. Die Saison 2008 war ein Beweis für seine Widerstandsfähigkeit, seine Fähigkeit, aus jedem Rennen, jeder Runde, jeder Kurve zu lernen. Der Große Preis von Brasilien war in diesem Jahr erneut Schauplatz eines dramatischen Finales, doch dieses Mal war Hamilton das Schicksal hold. In einem Moment, der seither zur Legende geworden ist, sicherte sich Hamilton in den letzten Momenten des Rennens seinen ersten WM-Titel, ein Sieg, der sowohl seinem Kampfgeist als auch seinem unvergleichlichen Können hinter dem Lenkrad zu verdanken war.

Die Feierlichkeiten, die in der McLaren-Box ausbrachen, waren eine Befreiung von aufgestauten Emotionen, eine Mischung aus Freude, Erleichterung und Rechtfertigung. Ron Dennis, der Kopf hinter dem Erfolg von McLaren, beobachtete mit einem Gefühl väterlichen Stolzes, wie Hamilton aus seinem Auto stieg und endlich Weltmeister wurde. "Was Lewis erreicht hat, ist außergewöhnlich", kommentierte Dennis, dem die Bedeutung des Augenblicks nicht entgangen war. "Er hat nicht nur eine Meisterschaft gewonnen; Er hat eine ganze Generation inspiriert. Das ist ein Sieg für jeden von uns, der an die Kraft der Träume glaubt."

Hamiltons Geschichte mit McLaren, von seinem sensationellen Debüt bis zu seinem dramatischen WM-Sieg, ist mehr als eine Geschichte von Siegen und Niederlagen. Es ist eine Erzählung, die das Wesen des Formel-1-Rennsports einfängt: das unermüdliche Streben nach Exzellenz, den Mut, sich Widrigkeiten zu stellen, und den unbändigen Willen, als Sieger hervorzugehen. Hamiltons Vermächtnis bei McLaren misst sich nicht nur an Trophäen und Titeln, sondern auch an den unauslöschlichen Spuren, die er im Team und im Sport hinterlassen hat, ein Vermächtnis, das Fans auf der ganzen Welt weiterhin inspiriert und in seinen Bann zieht.

Fernando Alonso: Der Kämpfer in Rot und Silber

Fernando Alonsos Reise durch die Ränge der Formel 1 ist ein Beweis für seinen unbezwingbaren Geist und seinen taktischen Scharfsinn – Eigenschaften, die er mit sich trug, egal ob er im Scharlachrot von Ferrari oder im Silber und Rot von McLaren geschmückt war. Alonso, ein Fahrer, der rohe Geschwindigkeit nahtlos mit geistiger Strategie verband, formte die Konturen des modernen Rennsports neu und forderte seine Kollegen und den Sport selbst heraus, auf sein Niveau zu steigen.

Bei McLaren brachte Alonso einen unerbittlichen Antrieb und einen unstillbaren Siegeshunger mit. Seine Ankunft im Team wurde mit großer Vorfreude begrüßt, denn hier war ein Fahrer, der bereits den Gipfel des Erfolgs gekostet hatte und sich doch nach mehr sehnte. Die McLaren-Werkstatt, die an das Streben nach Exzellenz gewöhnt war, fand in Alonso einen Seelenverwandten. "Fernando will nicht nur gewinnen. Er muss gewinnen", bemerkte ein McLaren-Ingenieur und unterstrich damit die Tiefe von Alonsos Kampfgeist.

Seine Amtszeit bei Ferrari war von Momenten geprägt, die seine Brillanz hinter dem Lenkrad und seine Fähigkeit, die Menschen um ihn herum zu inspirieren, unterstrichen. Das Ferrari-Team mit seiner reichen Geschichte und seiner leidenschaftlichen Fangemeinde begrüßte Alonso nicht nur als Fahrer, sondern auch als Symbol für seine Ambitionen. In der Hitze des Gefechts wurde Alonsos Entschlossenheit zu einem Leuchtfeuer für das Team und trieb es voran. "Fernando trägt sein Herz auf der Zunge", bemerkte ein Ferrari-Stratege. "Seine Leidenschaft für den Rennsport spiegelt unsere eigene wider. Das ist es, was ihn nicht nur zu einem Fahrer, sondern zu einem Ferrari-Fahrer macht."

Der Große Preis von Europa 2007 auf dem Nürburgring ist ein leuchtendes Beispiel für Alonsos außergewöhnliches Können und seine Entschlossenheit. In einem Rennen, das von Wetterkapriolen geprägt war, verhalf Alonsos Beherrschung der Elemente und der Strecke zu einem überwältigenden Sieg, einem Triumph, bei dem es um mehr als nur taktische Genialität ging – es war ein Sieg des Willens. Als der Regen auf ihn niederprasselte und die Strecke in ein tückisches Labyrinth aus stehendem Wasser und glattem Asphalt verwandelte, blieb Alonso unbeeindruckt und konzentrierte sich unnachgiebig.

Nach dem Rennen, als das Fahrerlager vor Aufregung über seinen Sieg brummte, dachte Alonso darüber nach, was ihn dazu antrieb, die Grenzen des Möglichen zu erweitern. "Der Rennsport liegt mir im Blut", sagte er, und die Emotion war in seiner Stimme zu hören. "Für mich ist es mehr als nur ein Sport. Es ist eine Berufung. Jedes Mal, wenn ich hinter dem Steuer sitze, fahre ich nicht nur Rennen gegen andere. Ich fordere mich selbst heraus und strebe danach, besser zu werden, der Beste zu sein."

Alonsos Reise mit McLaren und Ferrari, die von atemberaubenden Höhen und herausfordernden Tiefen geprägt war, war nicht nur eine

Chronik seines Strebens nach Meisterschaften. Es war eine Erzählung, die seine Rolle als Katalysator für Veränderungen hervorhob. In Alonso fand der Sport nicht nur einen beeindruckenden Konkurrenten, sondern auch einen Fahrer, der die Teams, denen er angehörte, voranbringen und sie zu Innovationen, Anpassungen und Überwindungen antreiben konnte.

Wenn die Sonne an jedem Rennwochenende untergeht, bleibt das Vermächtnis von Fernando Alonso in den Erinnerungen der Fans und in der Geschichte der Formel 1 verankert. Seine Zeit in Rot und Silber war mehr als eine Reihe von Rennen; Es war eine Saga der Widerstandsfähigkeit, von Schlachten, die mit unbezwingbarem Geist geschlagen wurden, und einem unerbittlichen Streben nach Größe. Alonsos Geschichte mit McLaren und Ferrari ist ein lebendiges Kapitel in den Annalen des Motorsports, ein Zeugnis für die anhaltende Faszination des Rennsports und den unstillbaren Siegeshunger, der Champions ausmacht.

Diese Legenden hinter dem Lenkrad, jede mit ihrem einzigartigen Stil, ihrer Persönlichkeit und ihrer Herangehensweise an den Rennsport, haben die Rivalität zwischen McLaren und Ferrari entscheidend geprägt. Ihre Beiträge gingen über das Cockpit hinaus und beeinflussten die Teamstrategien, die Fahrzeugentwicklung und die gesamte Geschichte der Formel 1. Sie waren nicht nur Konkurrenten; Sie waren Geschichtenerzähler, jede Runde und jedes Rennen trug zur Geschichte des Sports bei. Das Vermächtnis ihrer Rivalitäten, Triumphe und Prüfungen inspiriert weiterhin neue Generationen von Fahrern und Fans gleichermaßen, ein Beweis für die anhaltende Anziehungskraft des Strebens der Formel 1 nach Geschwindigkeit, Exzellenz und Ruhm.

Kapitel 11: Die neue Ära

Im Laufe des 21. Jahrhunderts begann sich die Formel-1-Landschaft zu verändern. Neue Technologien, weitreichende regulatorische Änderungen und das Aufkommen neuer Talente läuteten eine neue Ära für den Sport und für die anhaltende Rivalität zwischen McLaren und Ferrari ein. In diesem Kapitel wird untersucht, wie diese Faktoren den Wettbewerb zwischen den beiden geschichtsträchtigen Teams beeinflussten und sich an die sich entwickelnden Herausforderungen und Möglichkeiten anpassten, die das moderne Gesicht der Formel 1 geprägt haben.

Die hybride Revolution

Der Beginn der Hybrid-Ära in der Formel 1 stellte nicht nur eine Änderung des Reglements dar, sondern auch eine Revolution im Wesen der Rennsporttechnologie. Im Jahr 2014 veränderte die Einführung von Hybridantrieben den Sport, indem sie die rohe, ungezügelte Kraft traditioneller Verbrennungsmotoren mit der leisen, unmittelbaren Kraft von Elektromotoren und ausgeklügelten Energierückgewinnungssystemen verbanden. Dieser Paradigmenwechsel in Richtung Nachhaltigkeit und Effizienz war nicht ohne Herausforderungen, aber er bot Teams wie McLaren und Ferrari, Bastionen der Innovation, eine einzigartige Leinwand, um ihre technische Kompetenz und ihr Engagement für die Zukunft des Motorsports zu veranschaulichen.

McLaren, ein Team mit einer geschichtsträchtigen Geschichte, in der es darum geht, die Grenzen der Technologie zu erweitern, ging eine Partnerschaft mit Honda ein, die sinnbildlich für ihren Pioniergeist ist. Diese Allianz wurde von der gemeinsamen Vision angetrieben, die Formel 1 in eine neue Ära zu führen und dabei das Know-how von Honda in der Hybridtechnologie zu nutzen. Der Weg zur Integration war jedoch mit Hindernissen übersät, von denen jedes ein

Beweis für den komplexen Tanz der Leistungsmaximierung innerhalb der Grenzen der neuen Vorschriften war. Im McLaren-Technologiezentrum herrschte reges Treiben mit der Energie von Ingenieuren und Designern, die unermüdlich daran arbeiteten, die Komponenten des Antriebsstrangs zu einer zusammenhängenden Einheit zu verschmelzen. "Wir wagen uns auf unbekanntes Terrain vor", sagte der Teamchef während einer Strategiebesprechung mit ruhiger Stimme, aber mit erwartungsgeladener Stimme. "Aber es liegt in unserer DNA, innovativ zu sein, zu überwinden. Wir sind und werden immer Pioniere auf dem Gebiet der Rennsporttechnologie sein."

In der Ferrari-Basis in Maranello wurde der Übergang in die Hybrid-Ära mit einer charakteristischen Mischung aus Leidenschaft und Präzision begleitet. Die Ingenieure des Teams, die auf jahrzehntelange Erfahrung zurückgreifen, um die Grenzen des Automobilbaus zu erweitern, gingen die Herausforderung mit einer Mischung aus Ehrfurcht vor dem Erbe der Marke und einem unnachgiebigen Drang nach Innovation an. Die Entwicklung des Hybridantriebs von Ferrari war ein Wunderwerk der Technik, ein Kraftpaket an Effizienz und Leistung, das den seelenbewegenden Klang und die Wildheit beibehielt, für die Ferrari berühmt war. "In dieser neuen Ära bleibt unser Ziel dasselbe: zu gewinnen", sinnierte der leitende Ingenieur von Ferrari, während er die Prüfstandstests der neuen Power Unit überblickte. Aber wir tun dies, indem wir eine tiefere Verbindung zwischen Fahrer, Maschine und Umwelt herstellen. Es geht darum, Harmonie zu erreichen, bei der jede Komponente, jedes System zusammenwirkt."

Die Hybride Revolution brachte eine Art Renaissance der Formel 1 mit sich und forderte die Teams heraus, ihre Strategien zu überdenken und nicht nur um des Wettbewerbs willen, sondern auch für die Zukunft der Automobilindustrie innovativ zu sein. Die Reise von McLaren und Ferrari durch diese Ära war sinnbildlich für die

Widerstandsfähigkeit des Sports, seine Fähigkeit, sich anzupassen und weiterzuentwickeln. Als die Motoren zum Leben erwachten und die Synthese von Tradition und Technologie widerhallten, war klar, dass die Formel 1 an der Schwelle zu einem neuen Kapitel stand, das von den Händen derjenigen geschrieben werden würde, die mutig genug waren, sich dem Wandel zu stellen und den Lauf der Geschichte zu lenken.

Im großen Gefüge der Formel 1 markierte die Hybride Revolution einen entscheidenden Moment, ein Zusammentreffen von Wettbewerb, Innovation und Verantwortung für den Planeten. Für McLaren und Ferrari war es eine Gelegenheit, ihre Dominanz erneut zu behaupten, nicht nur als Konkurrenten, sondern als Vorreiter einer Zukunft, in der sich Geschwindigkeit und Nachhaltigkeit nicht gegenseitig ausschließen, sondern im Streben nach sportlicher Exzellenz miteinander verwoben sind.

Navigieren durch regulatorische Änderungen

Die sich ständig weiterentwickelnde Landschaft des Formel-1-Reglements hat die Teams immer wieder dazu veranlasst, sich anzupassen, innovativ zu sein und manchmal ihre Strategien neu zu erfinden, um an der Spitze des Motorsports zu bleiben. Sowohl McLaren als auch Ferrari mit ihrer geschichtsträchtigen Geschichte und ihrem tief verwurzelten Engagement für Exzellenz haben maßgeblich dazu beigetragen, diese Veränderungen zu bewältigen und die Richtung des Sports zu beeinflussen, während sie auf der Strecke unerschütterliche Konkurrenten blieben.

Die Einführung von Budgetobergrenzen und Einschränkungen bei aerodynamischen Tests markierte einen Wendepunkt für die Formel 1 und läutete eine neue Ära ein, in der finanzielle Umsicht und technischer Einfallsreichtum im Vordergrund standen. Für Teams, die es gewohnt sind, auf dem Zenit des technologischen Fortschritts zu agieren, stellten diese Veränderungen eine Reihe einzigartiger Herausforderungen und Chancen dar.

Bei McLaren war die Reaktion auf diese regulatorischen Veränderungen von einer Mischung aus strategischer Weitsicht und Anpassungsfähigkeit geprägt. "Wir betreten Neuland", räumte McLarens Strategiechef während einer Teambesprechung ein, bei der der Raum mit den Top-Ingenieuren und Strategen des Teams gefüllt war. "Aber in jeder Herausforderung steckt eine Chance. Die Budgetobergrenzen und Testbeschränkungen sind so konzipiert, dass gleiche Wettbewerbsbedingungen geschaffen werden, was bedeutet, dass unser Ansatz für Innovation und Entwicklung intelligenter und effizienter sein muss. Wir müssen nicht nur darüber nachdenken, wie viel wir ausgeben, sondern auch, wie wir es ausgeben."

Diese Stimmung spiegelte sich auch bei Ferrari wider, wo das Vermächtnis des Erfolgs und der Druck, ihren Status als Spitzenreiter in diesem Sport zu behaupten, schwer wogten. "Diese Änderungen sind ein Test für unseren Einfallsreichtum, unsere Leidenschaft", sagte der leitende Ingenieur von Ferrari während einer Diskussion mit seinem Team. Die Wände des Ferrari-Besprechungsraums, die mit Bildern historischer Siege und legendärer Fahrer geschmückt waren, erinnerten eindringlich an das Erbe des Teams und die damit verbundenen Erwartungen. "Wir waren schon immer stolz darauf, an der Spitze der Innovation zu stehen. Die Einführung von Budgetobergrenzen und Testbeschränkungen ändert daran nichts; Sie setzt lediglich neue Grenzen, innerhalb derer wir arbeiten müssen. Unsere Aufgabe ist es, immer wieder an die Grenzen zu gehen, neue Wege zu finden, um Leistung und Effizienz aus jedem ausgegebenen Euro, aus jeder Sekunde im Windkanal herauszuholen."

Der Dialog zwischen den Teams und dem Dachverband des Sports war im Gange, wobei sowohl McLaren als auch Ferrari aktiv an den Gesprächen teilnahmen, um die Zukunft des Formel-1-Reglements zu gestalten. Ihre Beiträge dienten nicht nur der Wahrung ihrer Interessen, sondern spiegelten auch ein breiteres Engagement für die Gesundheit und Nachhaltigkeit des Sports wider. "Es ist zwingend erforderlich, dass wir eine Balance finden", erklärte ein hochrangiger Funktionär der FIA während eines Regulierungsgipfels. "Das Know-how und der Input von Teams wie McLaren und Ferrari sind von unschätzbarem Wert, wenn wir diese Veränderungen bewältigen. Gemeinsam arbeiten wir auf eine Zukunft hin, in der die Formel 1 der Höhepunkt des Motorsports bleibt, sowohl in Bezug auf den Wettbewerb als auch auf die Innovation."

Während sich der Sport weiterentwickelt, bleibt die Rolle von McLaren und Ferrari bei der Bewältigung und Gestaltung von regulatorischen Änderungen von entscheidender Bedeutung. Ihre Fähigkeit, sich anzupassen, innerhalb der Grenzen neuer Regeln innovativ zu sein und die Essenz des Wettbewerbs, die die Formel 1 ausmacht, zu bewahren, ist ein Beweis für ihr Vermächtnis und ein Leuchtturm für die Zukunft des Sports. Auf der Suche nach Geschwindigkeit, Sicherheit und Nachhaltigkeit ist die Reise von McLaren und Ferrari durch das Labyrinth der regulatorischen Entwicklung eine überzeugende Erzählung von Widerstandsfähigkeit, Einfallsreichtum und einem unnachgiebigen Streben nach Exzellenz.

Die Ankunft neuer Gesichter

Im großen Theater der Formel 1, wo Legenden durch schiere Geschwindigkeit und unnachgiebigen Willen in die Annalen der Geschichte eingebrannt sind, signalisierte die Ankunft von Charles Leclerc bei Ferrari und Lando Norris bei McLaren den Beginn einer neuen Ära. Diese jungen Titanen haben mit ihrem bemerkenswerten Talent und ihrer ansteckenden Leidenschaft die uralte Rivalität zwischen den beiden geschichtsträchtigen Teams wiederbelebt und versprechen eine Zukunft, die so spannend ist wie die Kapitel, die ihnen vorausgingen.

Charles Leclerc, mit seinem durchdringenden Blick und einem Auftreten, das über einen unerbittlichen Wettbewerbsgeist hinwegtäuscht, ist schnell zum Leuchtturm des Wiederaufstiegs von Ferrari aufgestiegen. Seine Leistungen auf der Strecke, die sich durch eine faszinierende Mischung aus roher Geschwindigkeit und einer unheimlichen Fähigkeit, seine Gegner zu übertreffen, auszeichnen, haben Vergleiche mit den Großen gezogen, die vor ihm den scharlachroten Anzug getragen haben. Leclercs kometenhafter Aufstieg innerhalb des Teams ist nicht nur ein Beweis für sein fahrerisches Können, sondern auch für seine tiefe Verbundenheit mit dem Wesen von Ferrari. "Bei Ferrari geht es nicht nur um den Speed oder die Siege", sinnierte Leclerc mit einem leichten Lächeln auf den Lippen, als er über seine Reise nachdachte. "Es geht darum, Teil eines Vermächtnisses zu sein, für jedes Kind, das von diesem Sitz träumt, Rennen zu fahren. Es ist eine Ehre und eine Verantwortung, die ich nicht auf die leichte Schulter nehme."

In der Zwischenzeit ist Lando Norris mit seinem jungenhaften Charme und seinem lockeren Lächeln, das oft die stählerne Entschlossenheit eines erfahrenen Rennfahrers verbirgt, zur Verkörperung von McLarens ehrgeizigem Schritt geworden, seinen früheren Ruhm zurückzuerobern. Norris, dessen Talent hinter dem Lenkrad mit seinem klugen Einsatz von Strategien und seiner angeborenen Fähigkeit, abseits der Strecke mit den Fans in Kontakt zu treten, einhergeht, hat sich schnell zu einem Fanliebling und einem Eckpfeiler der Zukunft von McLaren entwickelt. "Schnell zu fahren ist eine Sache", sagte Norris, und seine Augen leuchteten vor purer Freude am Rennen. "Aber ein Team nach vorne zu bringen, Teil seines Weges zurück an die Spitze zu sein, das ist es, was mich jeden Tag antreibt."

Die Rivalität, die durch das Auftauchen dieser beeindruckenden Talente bereichert wird, steht mit der Ankündigung, dass Lewis Hamilton, ein Name, der für Geschwindigkeit, Entschlossenheit und eine beispiellose Erfolgsbilanz steht, 2025 zu Ferrari stoßen wird, eine seismische Verschiebung zu. Hamiltons Wechsel in die Scuderia ist nicht nur ein Transfer. Es ist ein historischer Moment, der verspricht, die Konturen der Wettbewerbslandschaft der Formel 1 neu zu definieren. "Zu Ferrari zu kommen, ist ein neues Kapitel, eine neue Herausforderung", erklärte Hamilton mit Vorfreude und einem Hauch von Ehrfurcht vor der geschichtsträchtigen Geschichte des Teams. "Es geht darum, meine Grenzen auszutesten, alles, was ich gelernt habe, einzubringen. Wir haben ein gemeinsames Ziel – zu gewinnen, Geschichte zu schreiben. Und ich kann es kaum erwarten, loszulegen."

Die Vorfreude auf Hamiltons Ankunft bei Ferrari, gepaart mit den aufkeimenden Talenten von Leclerc und Norris, läutet ein aufregendes neues Kapitel in den Annalen der Formel 1 ein. Während sich diese Fahrer, jeder mit seiner einzigartigen Mischung aus Können, Charisma und Wettbewerbseifer, darauf vorbereiten, sich auf den größten Rennbühnen der Welt zu stellen, tragen sie das Vermächtnis ihrer Teams und das Versprechen bevorstehender epischer Schlachten mit sich. Die Rivalität zwischen McLaren und Ferrari, die durch neue Gesichter und neue Ambitionen bereichert wird, ist nach wie vor ein Beweis für die anhaltende Faszination der Formel 1 – eine Saga von Geschwindigkeit, Strategie und dem unnachgiebigen Streben nach Exzellenz, die Fans auf der ganzen Welt in ihren Bann zieht.

Die Rivalität zwischen McLaren und Ferrari, die durch neue Technologien, regulatorische Landschaften und aufstrebende Talente bereichert wird, entwickelt sich weiter. Es ist ein Beweis für den unvergänglichen Wettbewerbsgeist, der die Formel 1 definiert, einen Sport, der ständig an der Spitze der Innovation steht, in dem

Geschichte und Zukunft auf der Rennstrecke zusammenlaufen und das Vermächtnis von zwei der größten Teams in die neue Ära führen.

Kapitel 12: Jenseits der Gleise

Die Rivalität zwischen McLaren und Ferrari, eine Saga, die in das Gefüge der Formel 1 eingewoben ist, geht über die Grenzen der Rennstrecken und das Dröhnen der Motoren hinaus. Sein Einfluss hallt über das Fahrerlager hinaus, beeinflusst die Automobiltechnik, prägt die Kultur des Motorsports und fesselt die Fantasie der Fans weltweit. In diesem Kapitel erfahren Sie, wie der geschichtsträchtige Wettstreit zwischen diesen beiden Titanen die Welt über die Formel 1 hinaus unauslöschlich geprägt hat.

Innovationen, die die Zukunft vorantreiben

Während sich der Horizont der Formel 1 in die Zukunft erstreckt, bahnt sich das technologische Wettrüsten zwischen den Titanen McLaren und Ferrari weiterhin Bahnen, nicht nur auf den Rennstrecken, sondern im gesamten Spektrum des Automobilbaus. Ihr unermüdliches Streben nach Vorherrschaft war ein Schmelztiegel für Innovationen, bei denen Fortschritte in den Bereichen Aerodynamik, Materialwissenschaft und Antriebsstrangtechnologien nicht nur die Parameter des Rennsports neu definierten, sondern auch eine neue Epoche auf dem Markt für Verbraucherfahrzeuge einläuteten.

McLaren hat sich mit seinem Pioniergeist in die Bereiche der Kohlefaserverbundwerkstoffe vorgewagt und die Landschaft des Fahrwerksbaus verändert. Dieser Vorstoß in die Welt der Leichtbaumaterialien beschränkte sich nicht nur auf das Streben nach Millisekunden auf der Rennstrecke. Es hat der Automobilindustrie insgesamt Perspektiven für Möglichkeiten eröffnet. "Die Herausforderungen, denen wir auf der Rennstrecke gegenüberstehen, drängen uns zu Lösungen, die das Potenzial haben, die Automobilwelt zu verändern", bemerkte ein McLaren-Ingenieur über die weitreichenden Auswirkungen seiner Arbeit.

"Unsere Erforschung von Kohlefaserverbundwerkstoffen ist ein perfektes Beispiel. Was als Streben nach Wettbewerbsvorteilen in der Formel 1 begann, revolutioniert nun die Art und Weise, wie Autos gebaut werden, und macht sie nicht nur schneller, sondern auch sicherer und effizienter."

Ferraris Beiträge zu dieser technologischen Odyssee waren ebenso transformativ. Die Meisterschaft der Scuderia in Bezug auf Motorleistung und Hybridtechnologien hat sich nicht nur ihren Platz im Pantheon der Rennlegenden gesichert, sondern auch den Weg für bahnbrechende Entwicklungen bei Hochleistungs-Straßenfahrzeugen geebnet. Das auf der Rennstrecke verfeinerte Know-how – die Balance zwischen roher Kraft und Effizienz – findet einen parallelen Ausdruck in den Straßenfahrzeugen von Ferrari. Ein Ferrari-Designer, der über den nahtlosen Fluss von Innovationen von der Rennstrecke auf die Straße nachdenkt, teilte mit: "Unsere Erfolge im Rennsport, jede Runde, jeder Sieg, werden zu Lektionen destilliert, die die Zukunft unserer Straßenfahrzeuge prägen. Es ist ein Beweis für Enzo Ferraris Vision der Synergie zwischen unseren Rennsportaktivitäten und unseren automobilen Kreationen."

Mit Blick auf die Zukunft steht die Landschaft der Formel 1 und der Automobilindustrie vor einer weiteren Entwicklung, die durch die Fortschritte von McLaren und Ferrari vorangetrieben wird. Während sich die Welt auf Nachhaltigkeit konzentriert, schafft die Forschung dieser Teams an alternativen Kraftstoffen, Energierückgewinnungssystemen und fortschrittlicher Aerodynamik die Voraussetzungen für eine Zukunft, in der hohe Leistung und Umweltschutz Hand in Hand gehen. "Die nächste Grenze ist nicht nur Geschwindigkeit; es ist Nachhaltigkeit", sinnierte ein Teamstratege von Ferrari und deutete damit an, dass sich der Fokus künftiger Innovationen verschiebt.

In diesem Zusammenhang geht die Rivalität zwischen McLaren und

Ferrari über die Grenzen des Wettbewerbs hinaus. Es wird zu einem Katalysator für den Fortschritt und erweitert die Grenzen dessen, was sowohl auf der Rennstrecke als auch auf der Straße möglich ist. Während diese Teams im Schmelztiegel der Formel 1 weiterhin innovativ sind, wird ihr Vermächtnis nicht nur in Trophäen und Rekordbüchern eingraviert, sondern auch in den Fortschritten, die die Zukunft der Mobilität prägen. "Wir rasen in eine Zukunft, in der jedes Fahrzeug von den Lektionen profitiert, die wir bei 300 Stundenkilometern gelernt haben", fasste ein McLaren-Ingenieur die Essenz seiner Reise zusammen. Der von McLaren und Ferrari eingeschlagene Weg ist ein Beweis für die anhaltenden Auswirkungen ihrer Rivalität, ein Vermächtnis, das weit über die Zielflaggen hinausgeht und die Zukunft der Automobilwelt neu definiert.

Motorsportkultur pflegen

Der Teppich der Formel 1, der mit den Fäden von Geschwindigkeit, Innovation und hartem Wettbewerb verwoben ist, findet seine sattesten Farben in der Rivalität zwischen McLaren und Ferrari. Dieser historische Wettkampf hat nicht nur Epochen innerhalb des Sports geprägt, sondern auch die Kultur des Motorsports maßgeblich beeinflusst und sich in die Herzen und Köpfe der Fans und Enthusiasten weltweit eingebrannt. Die Schlachten, die auf den berühmtesten Strecken der Welt ausgetragen werden, sind zu Legenden geworden, Erzählungen, die von der Essenz menschlichen Strebens durchdrungen sind und nach wie vor inspirieren und fesseln.

Der Einfluss der Rivalität zwischen McLaren und Ferrari auf die globale Motorsportkultur ist tiefgreifend und geht über die Grenzen der Rennstrecke hinaus, um die Leidenschaft für den Rennsport in den Herzen unzähliger Menschen zu entfachen. Von den technischen Wunderwerken, die die Strecke zieren, bis hin zu den strategischen

Duellen, die sich in den Boxengassen abspielen, spricht jede Facette ihres Wettbewerbs für den Einfallsreichtum und die Widerstandsfähigkeit, die die Formel 1 auszeichnen. "Jedes Rennen ist eine Geschichte, eine Lektion darüber, was es bedeutet, die Grenzen zu überschreiten", sagte ein erfahrener Journalist bei einer Fanversammlung, und seine Worte fanden bei einem Publikum Anklang, das an jeder erzählten Geschichte der Duelle zwischen McLaren und Ferrari hing.

Der Einfluss dieser geschichtsträchtigen Teams hat eine Begeisterung für den Motorsport entfacht, die sich über den gesamten Globus erstreckt und viele dazu inspiriert, den Sport nicht nur zu verfolgen, sondern ein aktiver Teil davon zu werden. Junge Enthusiasten, inspiriert von den Heldentaten ihrer Helden auf der Rennstrecke, beginnen eine Karriere als Ingenieur, in der Hoffnung, zum nächsten Durchbruch in der Renntechnologie beizutragen. Angehende Fahrer, deren Wände mit Postern von McLaren und Ferraris legendären Maschinen geschmückt sind, träumen von dem Tag, an dem sie solche Wunderwerke selbst steuern könnten. "Es ist mehr als nur eine Faszination; Es ist eine Berufung", vertraute ein junger Ingenieur bei einem Treffen des Motorsportclubs der Universität an, und seine Ambitionen waren ein Beweis für die Auswirkungen des Vermächtnisses der Rivalität.

Über die technischen und wettbewerbstechnischen Aspekte hinaus hat die Rivalität zwischen McLaren und Ferrari eine reiche Gemeinschaftskultur gefördert, die die Fans in einer gemeinsamen Leidenschaft verbindet, die oft geografische und kulturelle Grenzen überwindet. In Motorsportclubs, Online-Foren und Fan-Events gibt es lebhafte Debatten und Diskussionen, bei denen jedes Kapitel der Rivalität seziert und gefeiert wird. Diese Plattformen sind zu Schmelztiegeln der Kameradschaft geworden, in denen Geschichten von Triumph und Herzschmerz geteilt werden, um das Zugehörigkeitsgefühl unter den Fans zu fördern. "Diese Rivalität, das ist es, was die Formel 1 so attraktiv macht", bemerkte ein Fan während einer Online-Forumsdiskussion und fing damit die Stimmung einer Gemeinschaft ein, die durch ihre gemeinsame Leidenschaft für den Sport vereint ist.

Das Erbe der McLaren-Ferrari-Rivalität bei der Pflege der Motorsportkultur ist unauslöschlich. Es hat nicht nur den Sport aufgewertet, sondern auch die Saat der Leidenschaft und des Strebens in die Herzen derer gesät, die ihm folgen. Die Geschichten von Triumphen, Kontroversen und menschlichem Geist, die von ihren Wettkämpfen ausgehen, bereichern die Erzählung der Formel 1 und dienen als Leuchtturm für zukünftige Generationen. Während die Motoren aufheulen und sich die Rivalität mit jeder Saison entfaltet, prägen McLaren und Ferrari nicht nur die Zukunft des Rennsports, sondern auch die Kultur, die ihn umgibt, und stellen sicher, dass der Motorsport ein lebendiger und integraler Bestandteil der globalen Sportlandschaft bleibt.

Gemeinschaften überbrücken und Träume inspirieren

Die geschichtsträchtige Rivalität zwischen McLaren und Ferrari geht über die Grenzen der Rennstrecke hinaus und wirft einen weitreichenden Schatten, der nicht nur den Bereich des Motorsports, sondern auch das breitere Gefüge der Gesellschaft berührt. Dieser legendäre Wettbewerb, der auf eine Geschichte technologischer Innovation und kultureller Auswirkungen zurückblicken kann, steht als Denkmal für die erstrebenswerten Werte Hingabe, Exzellenz und das unnachgiebige Streben, die Grenzen des Möglichen zu überschreiten.

Im Kern ist die Rivalität zwischen McLaren und Ferrari eine Erzählung über menschliches Streben, eine Saga, die Gemeinschaften auf der ganzen Welt verbindet. Sie hat sich zu einer verbindenden Kraft entwickelt, die Fans aus unterschiedlichen Kulturen und

Hintergründen zu einer einzigartigen, leidenschaftlichen Versammlung von Formel-1-Enthusiasten zusammenbringt. Diese Gemeinschaft, die durch die gemeinsame Liebe zum Sport verbunden ist, findet eine gemeinsame Basis in den aufregenden Kämpfen zwischen diesen beiden Titanen, wobei jedes Rennen ein Kapitel in einer größeren Geschichte von Wettbewerb und Kameradschaft darstellt.

Der Einfluss dieser Rivalität geht über das reine Fandom hinaus und dient als Inspirationsquelle für unzählige Menschen, die es wagen, zu träumen. Für den aufstrebenden Ingenieur, der über Rennwagen-Bauplänen brütet, ist die Rivalität ein Beispiel für den Höhepunkt der automobilen Innovation und den Nervenkitzel, unter dem intensiven Druck des Wettbewerbs Probleme zu lösen. Für den jungen Fahrer, der sich in der Anfangsphase seiner Karriere befindet, verkörpert er den Inbegriff von Können, Mut und dem unermüdlichen Streben nach Sieg gegen alle Widrigkeiten. Und für den lebenslangen Fan bietet es ein Fenster in das Außergewöhnliche, ein Spektakel menschlichen Talents und Teamworks, das die gewöhnlichen Grenzen des täglichen Lebens überwindet.

"McLaren und Ferrari auf der Strecke gegeneinander antreten zu sehen, ist mehr als nur Rennen. Es geht darum, die Kraft der Träume in Bewegung zu erleben", erzählt ein Fan während einer Community-Veranstaltung, um die Bedeutung der Rivalität auf den Punkt zu bringen. "Es ist eine Erinnerung daran, dass mit genügend Engagement und Teamwork alles möglich ist."

Das Vermächtnis der McLaren-Ferrari-Fehde ist daher facettenreich, ein Leuchtturm, der den Weg für technologischen Fortschritt, kulturelle Bereicherung und persönliche Inspiration erhellt. Er unterstreicht die Rolle des Sports als Katalysator für gesellschaftlichen Fortschritt, indem er die Grenzen der technologischen Innovation erweitert, eine lebendige und integrative

Kultur rund um den Motorsport fördert und den Einzelnen dazu inspiriert, seine Träume mit Inbrunst zu verfolgen.

Während sich diese Rivalität weiterentwickelt, schwingt ihre Wirkung mit jeder Saison wider und verstärkt die Vorstellung, dass das Streben nach Exzellenz keine Grenzen kennt. Die Saga von McLaren und Ferrari mit ihren Höhen und Tiefen, Triumphen und Rückschlägen bleibt ein Zeugnis für die anhaltende Faszination der Formel 1, einem Leuchtturm der Exzellenz, der Menschen und Gemeinschaften auf der ganzen Welt inspiriert.

Im großen Teppich der Motorsportgeschichte ist die Rivalität zwischen McLaren und Ferrari ein leuchtendes Beispiel dafür, wie Wettbewerb über seinen unmittelbaren Kontext hinausgehen kann, um Träume zu wecken, Gemeinschaften zu überbrücken und das unermüdliche Streben nach Fortschritt voranzutreiben. Sein Vermächtnis, das aus dem Gewebe menschlichen Ehrgeizes und Geistes gewebt ist, wird weit über die Rennstrecke hinaus nachhallen und kommende Generationen inspirieren.

Kapitel 13: Die karierte Flagge

Während die Sonne am Horizont einer weiteren Formel-1-Saison untergeht, schreibt die Geschichte der Rivalität zwischen McLaren und Ferrari neue Kapitel, deren Vermächtnis mit der Essenz des Sports verwoben ist. Dieses letzte Kapitel reflektiert das fortwährende Erbe ihres Wettbewerbs, das aktuelle Ansehen dieser legendären Teams und denkt über die Zukunft der Formel 1 nach, die in unbekannte Gebiete vordringt.

Das bleibende Vermächtnis

Die Rivalität zwischen McLaren und Ferrari hat die Grenzen des Sports überschritten und sich zu einer Saga von menschlichem Streben, technologischer Innovation und Wettbewerbsgeist entwickelt. Es hat Helden und Bösewichte gezeichnet, die sich durch Momente der Brillanz und der Kontroverse gleichermaßen auszeichnen und die Fantasie von Fans auf der ganzen Welt beflügeln. Das Vermächtnis dieser Rivalität wird nicht nur an Meistertiteln oder Rennsiegen gemessen, sondern auch an den unauslöschlichen Spuren, die sie in der Kultur des Motorsports und der Weiterentwicklung des Automobilbaus hinterlassen hat.

In jahrzehntelangem Wettbewerb haben sich McLaren und Ferrari gegenseitig an die Grenzen der Leistungsfähigkeit gebracht und die Entwicklung der Formel 1 von einer Nischen-Rennserie zu einem globalen Sportphänomen vorangetrieben. Die Rivalität hat als Schmelztiegel für Innovationen gewirkt, wobei das Streben jedes Teams nach Exzellenz erheblich zur Sicherheit, Nachhaltigkeit und zum Spektakel des modernen Formel-1-Rennsports beiträgt.

Die Gegenwart: Ein neues Kapitel

Heute sind McLaren und Ferrari die Säulen der Formel 1 und

verkörpern jeweils eine einzigartige Mischung aus Tradition und zukunftsorientiertem Ehrgeiz. McLaren kämpft sich mit seinem neuen Fokus und seinen strategischen Partnerschaften zurück an die Spitze der Startaufstellung und baut auf seiner reichen Geschichte auf, um eine neue Generation von Talenten und Technologien zu inspirieren. Ferrari, immer leidenschaftlich und angetrieben vom Geist des springenden Pferdes, verbindet weiterhin seine geschichtsträchtige Vergangenheit mit modernster Innovation und strebt danach, den Gipfel des Motorsport-Ruhms zurückzuerobern.

Die Rivalität zwischen den beiden Teams ist so lebendig und wettbewerbsfähig wie eh und je, angetrieben von einer neuen Kohorte von Fahrern und Ingenieuren, die mit Stolz und Entschlossenheit den Mantel ihrer Vorfahren tragen. Die dynamische Natur der Formel 1 sorgt dafür, dass sich die Gesichter zwar ändern können, die Essenz des Wettbewerbs jedoch erhalten bleibt, ein Beweis für die anhaltende Anziehungskraft der McLaren-Ferrari-Saga.

Die Zukunft: Jenseits des Horizonts

Auf dem Weg in die Zukunft sieht sich die Formel 1 mit einer Landschaft konfrontiert, die von rasanten technologischen Fortschritten, einem sich wandelnden globalen Publikum und einer zunehmenden Betonung von Nachhaltigkeit und sozialer Verantwortung geprägt ist. Der Sport steht an der Schwelle zu einer neuen Ära, die Teams wie McLaren und Ferrari herausfordern wird, nicht nur in Bezug auf Geschwindigkeit und Leistung innovativ zu sein, sondern auch eine nachhaltige und integrative Zukunft für den Motorsport zu schaffen.

Die Rivalität zwischen McLaren und Ferrari wird zweifellos eine zentrale Rolle bei der Gestaltung dieser Zukunft spielen und als Leuchtfeuer für Exzellenz, Innovation und das unnachgiebige

Streben nach Sieg dienen. Während sie sich an die wechselnden Gezeiten anpassen, wird ihre Rivalität weiterhin inspirieren, den Sport zu neuen Höhen führen und die Herzen alter und neuer Fans erobern.

Die karierte Flagge mag das Ende eines Rennens bedeuten, aber für McLaren und Ferrari ist sie auch ein Symbol für den anhaltenden Wettbewerbsgeist, der die Formel 1 vorantreibt. Das Vermächtnis ihrer Rivalität ist eine Geschichte des Perpetuum Mobile, eine Erzählung, die nie wirklich endet, sondern sich weiterentwickelt und die Vergangenheit, Gegenwart und Zukunft des Sports widerspiegelt, den sie mitdefiniert haben. Während die Motoren abkühlen und sich die Menschenmassen zerstreuen, bleibt eines klar: Die Saga von McLaren und Ferrari ist noch lange nicht zu Ende, und die besten Kapitel könnten noch ungeschrieben sein und darauf warten, sich auf der globalen Bühne des Formel-1-Rennsports zu entfalten.

Über den Autor

Etienne Psaila, ein versierter Autor mit über zwei Jahrzehnten Erfahrung, beherrscht die Kunst, Wörter über verschiedene Genres hinweg zu weben. Sein Weg in die literarische Welt ist geprägt von einer Vielzahl von Publikationen, die nicht nur seine Vielseitigkeit, sondern auch sein tiefes Verständnis für verschiedene Themenlandschaften unter Beweis stellen. Es ist jedoch der Bereich der Automobilliteratur, in dem Etienne seine Leidenschaften wirklich verbindet und seine Begeisterung für Autos nahtlos mit seinen angeborenen Fähigkeiten als Geschichtenerzähler verbindet.

Etienne hat sich auf Automobil- und Motorradbücher spezialisiert und erweckt die Welt der Automobile durch seine eloquente Prosa und eine Reihe atemberaubender, hochwertiger Farbfotografien zum Leben. Seine Werke sind eine Hommage an die Branche, indem sie ihre Entwicklung, den technologischen Fortschritt und die schiere Schönheit von Fahrzeugen auf eine Weise einfangen, die sowohl informativ als auch visuell fesselnd ist.

Als stolzer Alumnus der Universität von Malta bildet Etiennes akademischer Hintergrund eine solide Grundlage für seine akribische Recherche und sachliche Genauigkeit. Seine Ausbildung hat nicht nur sein Schreiben bereichert, sondern auch seine Karriere als engagierter Lehrer vorangetrieben. Sowohl im Unterricht als auch beim Schreiben ist Etienne bestrebt, zu inspirieren, zu informieren und die Leidenschaft für das Lernen zu entfachen.

Als Lehrer nutzt Etienne seine Erfahrung im Schreiben, um sich zu engagieren und zu bilden, und bringt seinen Schülern das gleiche Maß an Engagement und Exzellenz entgegen wie seinen Lesern. Seine Doppelrolle als Pädagoge und Autor versetzt ihn in eine einzigartige Position, um komplexe Konzepte mit Klarheit und Leichtigkeit zu verstehen und zu vermitteln, sei es im Klassenzimmer oder durch die Seiten seiner Bücher.

Mit seinen literarischen Werken hinterlässt Etienne Psaila weiterhin einen unauslöschlichen Stempel in der Welt der Automobilliteratur und fesselt Autoliebhaber und Leser gleichermaßen mit seinen aufschlussreichen Perspektiven und fesselnden Erzählungen.
Er ist persönlich unter etipsaila@gmail.com erreichbar

Milton Keynes UK
Ingram Content Group UK Ltd.
UKHW040845021124
450589UK00001B/323